나를 드립니다

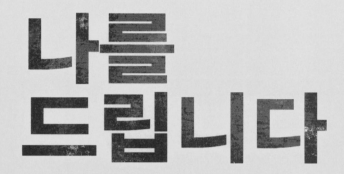

나를 드립니다

권 욥 선교사

규장

진정한 철인

주님이 홀로 가신 그 길 나도 따라가오
모든 물과 피를 흘리신 그 길을 나도 가오
험한 산도 나는 괜찮소 바다 끝이라도 나는 괜찮소
죽어가는 저들을 위해 나를 버리길 바라오
아버지 나를 보내주오 나는 달려가겠소
목숨도 아끼지 않겠소 나를 보내주오

이권희 사, 곡 〈사명〉 중에서

권용 선교사님과 사모님이 함께 찬양을 부르시는 모습을 볼 때면 가슴 깊은
곳에서부터 감동이 밀려온다. 교회에서나 집회에서 늘 부르는 찬양이지만
이분들이 부르면 다르다. 그것은 이들의 찬양이 그저 입술만이 아닌 삶을 던
져서 부른 진솔한 고백이기 때문이리라. 지진과 사스가 일어나는 지역에 아
내와 어린아이들을 데리고 간 것도 모자라 선교 현지에서도 가장 소외된 계
층인 장애인과 그 가족들의 아픔을 어루만지는 선교사님의 사역을 볼 때면
참으로 감동받지 않을 수 없다.
어린 시절부터 철저히 외롭고 가난하고, 버림받은 삶을 살았으면서도 하나

님을 원망하지 않고, 어떻게 그렇게 받은 은혜에 크게 감사할 수 있는지 놀랍기만 하다. 끊임없이 반복되는 수술과 투병생활은 그의 영혼을 정금처럼 단련시켰고 그의 감사의 찬양과 눈물의 기도는 더욱 아름다워졌다. 성경의 욥처럼 그는 연단의 세월을 통해 오직 하나님 한 분을 얻었다.

"하나님께 병든 몸을 드려서 늘 죄송해요."

멋쩍게 웃으시며 이렇게 고백하시는 선교사님을 보면 할 말이 없다. 지금 우리 시대의 사람들은 너무 많은 것을 소유하고 있으면서도 하나라도 잃어버릴까 봐 두려워하는데, 선교사님은 아무것도 없는 자 같으나 모든 것을 가진 자와 같이 그 어떤 사람보다 더 강하고 부요한 분이다.

지금도 자칫 넘어지기라도 하면 그 자리에서 생명을 잃을 수도 있을 정도로 육체의 고통을 겪고 계시지만 선교사님은 그 누구보다 밝은 웃음으로 사역하고 계신다. 오직 하나님의 은혜만을 바라보며 오늘도 낡은 두 개의 목발과 함께 먼지 나는 그 땅을 걷고 계신다. 선교사님이야말로 진정한 철인이다. 때때로 외롭다고 느껴지는 이 길에서 이런 분들을 만날 때 나는 참 행복해진다.

다니엘 김 선교사 | 《철인》의 저자

눈물로 드리고 기쁨을 얻다

선교 현장에 나간 지 이제 6년째가 된다. 어디에 가든 선교사로서 현지에 하나님나라를 굳건하게 세워야 할 사명이 있다. 선교지에서 눈에 보이는 성과를 내는 것도 중요하지만 먼저는 선교사인 내 삶 속에 하나님나라가 임하게 해야 한다. 그 나라는 하나님의 통치와 섭리에 순응하며 따라가면 저절로 이루어진다.

힘들면 힘든 대로, 형통하면 형통한 대로 순종하여 하나님의 영광을 드러내는 삶을 살아야 한다. 어디를 가고 무엇을 하든지 하나님이 주시면 받고, 길을 막으시면 멈추면 된다. 내가 몸부림쳐서 이룰 수 있는 것은 하나도 없다는 사실을 깨달아가는 것이 그리스도인의 삶이다. 그런 과정에서 자연스럽게 하나님의 사람을 만나 하나님의 나라를 세워가면 된다.

사실 목회자들도 빚(채무)에 눌리고 현실적인 환경의 문제로 어려움에 처하는 경우가 많다. 그런데 주님이 마음을 회복시켜주시면 자존감이 손상을 입지는 않는다. 내면이 안정되어 있을 때 나중에는 외적인 환경도 변화하는 것을 보게 된다. 혹시 외적인 환경이 생각처럼 변하지 않을지라도 낙심하지 말고 주님을 기다려야 한다.

그러나 내가 가는 길을 그가 아시나니 그가 나를 단련하신 후에는 내가 순금같이 되어 나오리라 욥 23:10

현실이 어려워도 하나님의 은혜가 크면 그 장벽을 넘을 수 있다. 나는 내 삶으로 이 사실을 계속 강조한다. 그러면 믿음의 동역자들이 힘을 얻고 기뻐한다. 내 작은 삶으로 주님의 진리를 드러낼 수 있어서 무척 감사하다.

앉은뱅이였던 나를 일으켜 세우신 분이 하나님이시다. 의사가 아니라 하나님이 나를 새로 태어나게 하시고 일으켜 세워주셨다. 극심한 고난의 현장 가운데서도 전능하신 하나님을 바라볼 때, 탄식과 좌절에서 벗어날 수 있다.

하나님의 은혜로 나와 당신이 구원받고 십자가 앞에 나올 수 있게 되었다. 우리는 과거로 돌아가지 않아도 된다. 이제는 현실의 문제와 고통 가운데 짓눌린 앉은뱅이처럼 살 필요가 없다. 하나님이 도와주시면 능치 못할 일이 없다는 마음으로 당당하게 나아가면 된다.

나의 남은 인생을 사람을 세우는 사역, 교회를 세우는 사역, 생명을 살리는 사역에 온 힘을 쏟고 싶다. 실망과 좌절과 고통과 죽음 속에 있는 사람들은 하나님이 나에게 하신 말을 동일하게 자신의 응답으로 받았으면 좋겠다.

'절대 포기하지 말고, 살아만 있어다오.'

고통을 뛰어넘게 하시는 하나님

나에게 하나님은 '눈물의 하나님'이시다. 하나님은 나를 위해서 울어주신 분이다. 내가 병상에서 홀로 절규하고 있을 때 내 옆에서 같이 울어주셨다. 그분은 병문안을 와서 일시적으로 위로해주는 사랑이 아닌 영원히 나를 위로해주시고 함께 울어주신 측량 못할 사랑의 하나님이시다. 내가 그분을 생각하며 지은 〈눈물〉이라는 시가 있다.

새벽 아침 하나님의 땀방울이
이슬 되어 풀잎에 앉아 있네.

온종일 낮이 밤 되어 하늘의 울음이
소나기 되어 세상을 적시네.

어린 새순이 아침 이슬로 쉼을 쉬고
목마른 나무들이 소나기에 흠뻑 적시네.

내 인생 봄에 피어 여름비에 젖어 울고
가을 햇빛에 모든 것 날려보내
겨울에는 하늘 이불 덮으리.

내가 울 땐 소나기로 같이 울어주시고
내가 기쁠 땐 바람으로 시원하게 해주시며
내가 힘들 땐 땀방울로 내 마음 적시어주시네.

주님이 세상에 눈물 보내실 때
기쁨의 웃음으로 친구 되어 돌아오리.

나는 자주 눈물을 흘린다. 그러나 그것은 슬퍼서가 아니라 너무 감격해서 흘리는 것이다. 믿음의 선진들이 하나님 앞에서 달려갈 길을 다 마치고 기쁨의 눈물을 흘리는 것처럼, 나도 그분의 은혜에 취해서 달려온 나의 삶을 뒤돌아볼 때면 여지없이 기쁨의 눈물을 흘리곤 한다. 아내를 만났을 때, 첫아기가 태어났을 때, 십자가에 달리신 주님을 만났을 때 얼굴 가득 눈물을 흘리고 또 흘릴 수밖에 없는 순간이 많았다.

이 세상에 눈물을 흘리지 않았던 사람은 없을 것이다. 몸과 마음이 너무 고통스러울 때, 살아갈 힘이 없는 환경이 오랫동안 지속될 때, 가장 사랑하는 사람들과 이 땅에서 영원히 이별해야 할 때, 사랑하는 이의 고통을 내가 해결해줄 수 없을 때 눈물을 흘리지 않을 사람이 누가 있겠는가. 하지만 하나님은 친히 그 눈물을 닦아주시고 멈추게 해주시는 분이다. 고통의 눈물을 기쁨의 눈물로 바꿔주시는 놀라운 분이다.

눈물을 흘리며 씨를 뿌리는 자는 기쁨으로 거두리로다 울며 씨를 뿌리러 나가는 자는 반드시 기쁨으로 그 곡식 단을 가지고 돌아오리로다 시 126:5,6

나의 인생은 눈물의 인생이었다. 그런데 그분이 그 눈물을 기억하시며 기쁨으로 열매를 거두게 해주셨다. 따뜻한 가정을 이루게 해주셨고 죽은 몸이나 다름없는 나를 통해 새 생명이 태어나는 기적을 베풀어주셨다. 그분은 왼쪽 주머니에는 내 눈물을 담고, 오른쪽 주머니에서 기쁨을 꺼내주신다.

내 귀에 들어오는 세상의 복잡한 소리를 단절시키고, 기쁨의 근원이신 하나님의 음성을 듣기 위해 조용한 시간을 갖는다. 갈급한 심령으로 그분의 음성을 더 잘 듣기 위해 노력할 때, 내 마음에 조용히 속삭여주시는 사랑의 음성이 들린다. 오늘도 내 고통의 눈물을 뒤로하고 기쁨의 눈물을 담은 눈으로 내 사랑하는 하나님을 바라보며 그분이 주신 입술로 그분을 경외하는 찬양을 올려드린다.

2014년 5월
권 욥

차례

CON TENTS

고통의 깊은 골짜기에서

나는 앉은뱅이가 되었다. 다리가 꺾이면서 주저앉을 때 내 정신도 함께 무너져 내렸다. 그동안 어두운 시절을 이겨내며 살아왔다고 생각했는데 이번에 닥친 어두움은 전과는 비교할 수 없이 깊었다. 나는 직감적으로 내 남은 인생이 송두리째 주저앉아버렸다는 것을 감지했다.

PART 1

종로
한복판에서
주저앉다

역대 우리나라에 무더위가 가장 기승을
부린 해는 1904년, 1942년, 1977년, 1990년 그리고 1994년이라고
한다. 그중 1994년 7월, 나에게 일어난 사건을 결코 잊을 수 없다.
나는 여느 때처럼 직장 동료들과 점심을 먹은 후 잠깐 공원에 나가
산책을 하고 피카디리극장 앞을 지나 회사로 들어가고 있었다.

'빠지직.'

지금도 잊히지 않을 그 소리, 바로 내 다리뼈가 부러지는 소리였다.
그 소리는 온 신경을 통해 내 뇌리 깊은 곳까지 파고들었다. 온몸에
날카로운 죽창이 파고들어오는 것 같은 공포가 엄습했다. 나는 수많
은 사람들이 바쁘게 오가는 토요일 정오 종로 한복판을 걷다가 그대
로 주저앉고 말았다.

16

제발 그 상황이 꿈이기를 바랐다. 동료들의 걱정스런 눈빛과 지나가는 사람들의 놀란 시선을 받으며 불볕더위 내리쬐는 그곳에서 어찌할 바를 모르고 있는 내 모습은 명백한 현실이었다.

스무 살 때 수술했던 두 다리가 한계를 이기지 못하고 부러진 것이다. 나는 옷을 찢어서 다리를 묶었다. 구급차가 쏜살같이 달려와서 나를 대학병원 응급실로 옮겼다. 그날따라 박사님들은 다 퇴근하고 인턴, 레지던트들만 병원을 지키고 있었다. 공포와 고통 가운데 온몸을 떨며 나는 공황 상태에 빠졌다. 다리는 퉁퉁 부어오르고 식은땀이 줄줄 흘렀다. 의사 네 명이 다가와 내 손을 묶고 두 명은 내 몸통을, 두 명은 다리를 잡고 어긋난 뼈를 맞추기 위해서 몸을 위아래로 당겼다. 너무 아파서 내 입에서 온갖 험한 말들이 저절로 나왔다.

사진 판독 결과 예상대로 내 다리뼈는 부러진 상태였다. 뼈가 무 자르듯 절단면이 반듯하게 부러진 게 아니라 대각선으로 불규칙하게 부러지면서 신경과 살을 찔렀다. 내 허벅지 뼛속을 채우고 있던 의료용 시멘트에 균열이 일어나면서 헐거워진 뼈와 그 뼈를 지탱하고 있던 쇠막대, 쇠막대와 뼈를 묶었던 철사와 뼈에 박아두었던 나사들도 다 망가져버렸다.

"마취를 해주세요. 그렇지 않으면 그냥 저를 죽여주세요."

병원이 떠나가도록 소리를 질렀지만 소용없었다. 의사들은 내 입을 붕대로 막아버렸다. 3시간 넘게 엑스레이 사진을 찍으면서 부러진 윗

뼈와 아랫뼈를 어느 정도 일직선으로 맞출 때까지 반복하였다. 스무 살 때 내 수술을 담당했던 박사님이 오셔서 내 상태를 보고는 조용히 말씀하셨다.

"이건 간단한 일이 아닙니다."

내 오른쪽 허벅지는 디귿(ㄷ)자로 꺾여 있었다. 왼쪽 허벅지도 뼈에 넣은 의료용 시멘트가 부스러져서 손가락으로 누르기만 해도 허벅지 가 부러져버릴 정도로 망가져 움직일 수 없는 처참한 상황이었다. 게 다가 나는 보호자도, 수술 비용도 없었다. 그러니 의사도 이런 복잡 하고 위험한 수술을 흔쾌히 하겠다고 자청할 수 없었을 것이다. 오른 쪽 다리만 응급 수술을 마친 후 나는 퇴원했다. 다리는 간신히 붙여 놨지만 허벅지 뼈가 꺾여서 덜렁거렸다.

두 번의 대수술을 하고 걸은 지 얼마 안 되어 어머니가 돌아가시더 니, 새로운 삶을 살길 기대하고 있는 이때 또 쓰러진 것이다.

'정말 내 인생은 왜 이렇게 험난한 것일까? 하나님은 나를 보고 계 신 것일까?'

원치 않았던 아이

사실 나는 고통과 친숙했다. 내가 태어났을 때, 우리 집에는 다섯 살 된 누나와 세 살 된 형이 있었다. 그 시대 사람들이 대부분 풍요로 운 삶을 살지 못했는데 우리 집은 특히 더 가난했다. 하루에 먹을 양식과 방을 따뜻하게 해줄 연탄 한 장이 없어서 배고픔과 추위를 견뎌야만 했다. 그 상황에서 어머니를 더욱 비참하게 만든 것은 아버지가 한 가정의 울타리 역할을 제대로 하지 못하고, 불성실한 남편으로서 외도와 폭력을 일삼은 점이었다.

남편을 바라보며 맘고생을 했던 어머니는 나를 임신했을 때 눈물로 밤을 지새울 정도로 고통스러워했다. 급기야 해서는 안 될 마음을 품고, 독한 약을 먹고 말았다. 어머니는 아픈 배를 부여잡고 마지막으로 배 속의 아기에게 미안한 마음을 속삭였다. 그런데 아기는 놀라운 생명력으로 그 상황을 버텨냈다. 얼마 후 어머니는 다시 한 번 약을 먹었지만, 아기의 생명력은 독약보다 강했다. 어머니는 며칠이 지난 후 마지막으로 같은 시도를 했으나, 하나님은 그 생명을 포기하지 않으시고 이 땅에서 첫 숨을 쉴 수 있게 해주셨다.

나는 세상에 태어나기 전에, 이미 어머니의 배 속에서부터 버림받은 존재였다. 나는 환영받지 못한 아이였다. 이 세상에서 처음으로 믿고 의지할 대상이었던 어머니에게 나의 출생은 결코 기쁨과 환희가 아니었다. 슬픔과 아픔을 안고 태어났지만 어머니는 내가 여느 아이처럼 성장해주기를 원했다.

그런데 어려운 일을 당하면 당할수록 점점 더 어려운 일이 닥쳐온다고 했던가? 나는 네 살 때 바닥에 넘어져서 허벅지 뼈가 부러지는 불상사를 겪게 되었다. 급한 마음에 어머니는 나를 업은 채로 3시간이 넘는 거리를 걸어서 큰댁까지 돈을 빌리러 갔다. 어머니가 걸을 때마다 부러진 뼈가 움직여서 나는 온몸으로 울음을 삼켜야 했고, 어머니는 온몸이 땀범벅이 된 채로 걷고 또 걸어야 했다. 이후 나는 '다리가 아프다'는 말을 입에 달고 살았다.

어머니는 하루하루 끼니를 책임지기 위해 아침 일찍 공장으로 출근했다가 밤늦게 돌아오곤 했다. 항상 지치고 고단한 상태셨기 때문에 내가 아프다고 해도 그 말에 신경 쓸 여력이 없었다. 그렇게 방치되어 병이 커져 서서히 내 삶을 삼키기 시작했다.

다섯 살 때였다. 하루는 아버지와 함께 길거리에서 약장사가 불개미 파는 것을 구경하고 있었다. 불개미들이 움직이는 광경이 마냥 신기했던 나는 마음을 빼앗겨 한참을 보고 또 보았다. 그러다가 옆에 아무런 인기척이 없다는 사실을 발견했다. 놀란 마음으로 두리번거리면서 열심히 아버지를 찾았다.

"아빠! 아빠! 어디 있어요? 아빠!"

목이 터져라 아버지를 부르며 주위 사람들에게 아버지를 찾아달라고 사정했다.

"아저씨, 옆에 있던 우리 아빠 못 보셨어요?"

그러나 아무리 소리치며 찾아도 아버지는 나타나지 않았다. 당황한 사람들이 나를 안타까운 눈으로 쳐다봤다. 그때의 기억이 아직도 생생하다. 아버지로부터 버림받았다는 사실을 인지했을 때, 나를 휘감은 공포와 불안이 급속도로 커졌다. 나는 어찌할 바를 모르고 목이 터져라 울었다. 그때 어디선가 주춤거리며 아버지가 나타났다. 그렇게 아버지를 따라 집으로 왔지만 그날의 공포는 마음속 깊숙이 새겨졌다.

첫 수술을
하다

나는 여섯 살 때 처음 수술대에 올랐다.
국립중앙의료원에서 양쪽 다리뼈에 쇠를 붙여 철사로 칭칭 감는 대수
술이었다. 수술 후에는 목부터 몸통, 발목까지 깁스를 했다. 양쪽 다
리를 번갈아 수술한 다음 온몸을 미라처럼 둘둘 말았기 때문에 전혀
움직일 수 없었다. 1970년대 석고 깁스는 망치로 깨야 할 정도로 두
꺼워서 무게가 수십 킬로그램이나 나갔다.

수술하고 누워 있는 내 옆에서 친척들은 내가 듣고 있는 줄도 모르
고 여기저기서 부모님을 걱정하는 소리를 하기 시작했다.

"이 아이가 태어나서 집안이 더 힘들어졌네."

"태어나지 말았어야 할 아이가 태어나서 자기도 고생하고 엄마도
고생시키네."

사람들은 혀를 차며 한마디씩 했다. 어떤 사람은 차라리 내가 죽는 게 나을 것 같다고까지 말했다. 지금은 그들의 안타까운 마음을 이해한다. 하지만 그 당시 어린 내가 수용하기에는 너무나 가슴 아픈 말이어서 마음 한구석에 상처가 되었다.

나는 그때부터 나 자신을 부끄러워하며 부모님께 힘든 짐을 지어주는 저주받은 인생이라고 잘못 생각하게 되었다. 그러면서 이런 질문을 던지곤 했다.

"앞으로 나는 어떻게 살아야 할까?"

나는 미라처럼 침대에 누워 두 달을 암흑 속에서 보낸 후 퇴원했다. 여전히 몸은 깁스를 한 상태로 지하 단칸방에 누워 초등학교 1학년, 3학년이던 형과 누나를 기다리며 눈만 감았다 떴다 할 뿐이었다. 손과 고개를 조금 움직일 수 있어서 옆에 놓아둔 빈 병에 소변을 봤는데, 어느 날은 여분의 병이 없어서 곤욕을 치렀다.

"아줌마, 도와주세요!"

집주인 아주머니를 부르며 도움을 요청했지만 지하여서 소리가 전달되지 않았는지 밖에서는 아무런 인기척이 없었다. 더 소리칠 힘이 없었던 나는 엉엉 울면서 자리에 누운 상태로 생리현상을 해결할 수밖에 없었다.

오랜 시간 동안 깁스를 하고 누워 있다 보니 엉치뼈 부근에 어른 주먹만한 욕창이 생겼다. 그리고 허릿살이 딱딱한 깁스에 갇혀 공기가 통하지 않는 상태로 방치되니 피부가 약해질 대로 약해져 진물이 났다. 돈이 없어 병원에 가지 못하고 약국에서 사온 솜으로 막고 소독약을 바르면서 아픔을 견뎌야 했다.

힘겨운 나날

초등학교에 들어가자마자 나는 친구들의 놀림감이 되었다. 어린 시절 받은 수술의 영향으로 다리를 약간 절뚝거렸기 때문이다.

"절뚝발이!"

동네 친구들과 놀다가도 사람 숫자가 안 맞거나 달리는 놀이를 하면 나는 가장 먼저 제외되었다. 장애를 가진 것이 내 잘못도 아닌데 나는 어디에서도 환영받지 못했다. 한번은 동네 친구들이 가지고 놀던 공이 내 앞으로 굴러와서 멈췄다. 나도 모르게 축구공 위에 한 발을 올려놓았는데, 갑자기 넘어지고 말았다. 그 모습을 보며 아이들은 킥킥대며 웃었지만, 나는 대퇴부가 골절되면서 열흘 정도 집에 누워 있어야만 했다. 그리고 또다시 병원 신세를 져야 했다.

내 다리뼈는 종잇장처럼 얇았고 뼛속이 텅 비어서 휘어진 상태였기에 언제 또다시 부러질지 알 수가 없었다. 악순환이 계속되어 열 살 때 교통사고를 당하면서 점점 더 학교에 가는 날이 줄어들었다. 나는 구구단을 외우고 있었는데 다시 학교에 갔을 때는 곱하기, 나누기를 배우고 있어서 진도를 따라가는 게 곤혹스러웠다. 나의 초등학교 시절은 잦은 수술로 막을 내렸다.

집에는 먹을 것이 없어서 나는 늘 배고픔에 시달렸다. 초등학교 1학년 때의 일이다. 나는 학교에서 돌아오자마자 부엌으로 들어갔다. 찬장을 열고 밥공기를 살펴봤지만 빈 그릇밖에 없고, 쌀이 한 톨도 없었다. 먹을 것을 찾는 것을 포기한 순간 내 눈에 검은색 병이 들어왔다. 그 속에 검은 물이 가득 들어 있었는데, 너무 배가 고팠던지라 얼른 그릇에 그것을 부어서 수저로 떠먹었다. 그런데 저녁부터 살살 배가 아프기 시작하더니 하루 종일 배가 아파서 진땀을 흘렸다.

그 검은 물은 간장이었다. 그런 식으로 어떤 것이든 주린 배를 채울 수 있는 것을 찾아 헤매면서 저녁 때까지 어머니를 기다리곤 했다. 그때는 어머니가 문을 열고 들어오시는 소리가 세상에서 가장 반갑게 느껴졌다. 어머니는 야간 작업까지 한 후 저녁 10시가 넘어서 집에 들어오셨다. 손에는 야간 근무할 때 받은 간식이 들려져 있어서 더욱 기뻤다.

힘들게 일한 어머니가 월급으로 9만 원을 받아오면 월세로 6만 원을 내고, 나머지 돈으로 정말 빠듯하게 한 달을 살았다. 겨울에는 사정이 더 심했다. 연탄 100장을 사고 나면 쌀과 반찬을 살 돈이 없었다. 동네 구멍가게에서 외상으로 양식을 사서 끼니를 때우거나 이웃에게 돈을 빌려서 하루하루를 연명해갔다. 그때부터 나는 어머니가 굶는 모습을 자주 보게 되었다.

어머니가 아침 7시에 공장에 나가면, 아버지는 동네 사람들을 단 칸방으로 데리고 와서 화투를 쳤다. 사업에 실패한 아버지는 어머니 몰래 여기저기서 돈을 빌려 노름을 하고 집을 비우기 일쑤였다.

어느 날 집을 나가셨던 아버지가 오셔서 어머니와 싸우고 계셨다. 부부가 대화한다기보다는 일방적으로 어머니가 당하고 있었다. 서로 다투는 가운데 아버지가 어머니를 때리셨다. 그러자 울면서 더 이상 살기 싫다고 말씀하시는 어머니의 목소리가 들렸다. 그날 새벽까지 우리는 잠도 못자고 부부싸움하는 모습을 봐야만 했다.

아버지가 집을 나갔다 돌아오시지 않는 날이 점점 길어지더니 결 국 돌아오지 않으셨다. 호적상으로는 아버지가 계셨지만, 실상은 안 계신 것보다 못한 상황이었다. 한동안 매일 아버지가 진 빚을 받으러 사람들이 집에 왔다. 어떤 날은 세 명, 어떤 날은 다섯 명의 아저씨들 이 찾아왔다. 그들은 늦은 저녁까지 엄마를 기다렸다가 소리를 지르 고 협박을 한 후 돌아갔다.

당시 살던 월세방 건물은 벽 하나를 사이에 두고 옆집이 있었다. 문을 열면 바로 옆집 부엌으로 이어졌는데 그곳에 누룽지가 많이 쌓 여 있었다. 가끔 그 앞에 가만히 서 있으면 옆집 아주머니가 나를 보 시고 누룽지를 건네주실 때가 있었다. 그래도 너무 배가 고픈 날은 쓰레기통을 뒤졌고, 상한 밥을 물에 말아서 먹은 적도 있었다.

우리 집은 저소득층에 속해서 동네 주민의 도움으로 동사무소에 밀가루 신청을 했다. 형과 내가 매월 20킬로그램짜리 밀가루 부대를 받으러 갔다. 어떤 날은 밀가루를 받아 집까지 가져오는 데 3시간이 넘게 걸린 적도 있었다. 둘이 낑낑거리며 들고 가다가 힘이 빠지면 끌고 가기도 했다. 그렇게 끌고 가다가 밀가루 부대가 터진 적도 있었다. 또 한번은 밀가루 부대를 끌고 가는 것이 창피하고 너무 힘들어서 길거리에 두고 왔다가 후회가 되어 형이랑 울면서 밀가루를 다시 찾아서 가져온 적도 있다.

밀가루 음식을 6년 가까이 먹다 보니 한동안 밀가루를 보면 속이 매스껍고 울렁거리곤 했다. 그 시대의 많은 사람들처럼 어릴 적 나의 소원은 하얀 쌀밥을 마음껏 먹는 것이었다.

중학교에 입학했지만 사정은 크게 달라지
지 않았다. 학교에 가지 못하는 날이 많아서 수업 진도를 따라가는
게 힘들었다. 친구들의 놀림도 여전했다. 결국 나는 열다섯 살에 집을
나갈 결심을 했다.

'나만 없어져도 엄마가 훨씬 편해지실 거야.'

나는 영영 돌아오지 않을 작정이었다. 세상이 너무 두려웠지만 절
뚝거리는 다리를 이끌고 집을 나왔다. 그리고 제빵점, 대중 목욕탕
등을 돌아다니며 여기저기서 일자리를 구해봤지만 나이도 어린 데다
장애를 가지고 있어서 번번이 면접에서 거절당했다. 그러다가 가죽
공장에서 일자리를 얻었다. 숙식이 해결된다는 것만 보고 일을 시작
했다.

일은 상상치 못할 만큼 힘들었다. 하루에 18시간씩 일을 했다. 방은 냉골이어서 이대로 죽어도 아무도 모를 것 같았다. 그렇게 한 달 동안 열심히 일하면 10만 원을 받았다. 나는 그 돈을 하나도 쓰지 않고 고스란히 봉투 채 들고 어머니께로 갔다.

어머니는 주중에 공장에서 일하시느라 일요일에 한꺼번에 빨래를 하셨는데, 연탄불에 물을 끓인 후 손빨래를 하고 나면 거의 탈진하실 정도였다. 어릴 때부터 나는 훗날 크면 어머니께 꼭 세탁기를 한 대 사드리고 싶다는 생각을 했다. 그리고 월급을 모아 세탁기를 선물했다. 어찌나 기뻤는지 그날의 감격이 아직도 내 안에 살아 있다.

3년 동안 매월 월급날이 되면 뜯지도 않은 월급봉투를 그대로 어머니께 건넨 후 돌아왔다. 마중 나온 어머니를 만나고 돌아오면서 나는 뒤돌아보지 않았다. 눈물을 보이는 게 싫었기 때문이다.

나는 가죽공장을 나와 레스토랑에서 일하게 됐다. 그곳에서 내 업무는 설거지였다. 아침 8시부터 밤 12시까지 16시간씩 일하면서 일당 3천 원을 받았다. 커피 잔과 접시를 셀 수 없이 많이 닦았다.

고된 노동을 이길 수 있었던 것은 매달 어머니께 월급봉투를 갖다드리는 기쁨 때문이었다. 평생 월세방 신세를 면하지 못하는 엄마를 위해서 전세방을 구해드리고 싶었다. 나는 정말 열심히 일을 했고, 그런 노력을 인정받아 바리스타의 자리까지 올라갔다. 그러나 아픈 몸을 이끌고 과중한 일을 하는 것은 힘에 부쳤다. 몸에 마비증세가 오기 시작했고 수술한 다리의 뼈가 썩어가기 시작했다.

결국 나는 얼마 못 가 쓰러지고 말았다.

식당 주인도 집에 돌아가라고 여러 번 권했던 터였다. 몸이 심하게 아파오자 더는 월급날에도 집에 갈 수가 없었다. 어머니가 이 사실을 알고 일터로 찾아오셨다.

"아들아, 돈 안 벌어도 된다. 이제 그만 일하고 집에 돌아가자."

그때 나는 하루가 멀다 하고 다리에 마비가 왔고 주먹만한 혹이 다리에 계속 생기면서 걷지도 못하고 스스로 할 수 있는 일이 아무것도 없던 상태라 고민이 깊어진 시기였다. 그 상황에서 나를 찾아온 어머니의 목소리와 눈물을 보니 생각을 정리하고 발걸음을 집으로 옮길 수 있게 되었다.

교회에 첫 발걸음을 내딛다

어린 나이에 세상을 맛보고 집에 돌아와서 하루 종일 누워 있다가 사람들이 없는 대낮에 잠깐씩 집 밖으로 나와 하늘을 보며 한숨을 쉬곤 했다. 어떻게 살아가야 할지 앞이 보이질 않았다. 산중턱에 있는 판잣집에서 폐인처럼 지내던 어느 날, 이모가 우리 집에 왔다. 허리가 굽어진 외할머니와 병문안을 오셨는데, 옆에 처음 보는 할아버지가 있었다.

"얘야, 교회에 나가보지 않겠니?"

나는 그때까지 교회라는 곳에 가본 적도 없었고 뭐하는 곳인지도 잘 몰랐다. 할아버지는 나의 딱한 사정을 듣고 예수님을 전하기 위해 오신 것이다. 할아버지는 예수님을 믿으면 돈도 벌 수 있고 병도 고칠 수 있다고 하면서 열정적으로 성경 말씀을 전했다. 그렇지만 나는 이렇게 말했다.

"그럼, 지금 당장 돈을 주고 병을 낫게 해주면 믿을게요."

나의 당돌한 대답을 듣고 할아버지는 아무 말씀도 하시지 않았다.

"거봐요. 대답을 못하시잖아요. 정말 하나님이 살아 계시면 왜 저에게 병든 몸을 주시나요?"

그날 복음을 받아들이지는 않았지만 이모가 지속적으로 쌀도 사다주고 용돈도 주면서 교회에 나오라고 권했다. 사실 하나님에 대해 궁금해서라기보다 이모가 우리 집 근처에 살아 교제할 수 있는 유일한 친척이고 엄마가 가끔 생활비를 빌리기도 하셔서 보답하는 마음으로 교회에 갔다.

교회에 간 첫날 새로 온 사람들은 일어나라고 했다. 새신자를 소개하는 시간이었던 것이다.

"앞으로 나오세요."

'왜 나오라고 하지?'

초췌한 내 모습이 부끄러워서 머뭇거렸다. 사람들 앞에 나가고 싶은 마음이 없었지만 용기를 내서 앞으로 나갔더니 나를 향해 축복송을 불러주고 박수를 쳐주었다. 그런 황송한 대접은 세상에 태어나서 처음 받아보는 것이었다.

'세상에 나를 이렇게 귀하게 대접해주는 곳이 있다니….'

그날 들었던 목사님의 설교를 평생 잊을 수 없다.

"공부 안 한 사람도, 병든 사람도, 가난한 사람도 예수님만 믿으면 다 고침 받고 잘살 수 있어요. 가장 중요한 것은 영원한 생명을 얻을 수 있다는 것입니다."

나를 두고 하는 말씀이었다.

'정말 나처럼 배우지 못한 사람, 병에 걸린 사람도 영원한 생명을 얻을 수 있다고? 신기하군.'

교인들은 예배를 마치고 점심을 대접한 뒤 남은 반찬도 싸주는 참으로 친절한 사람들이었다. 나는 따뜻한 마음에 감동을 받아 교회에 등록을 했다. 교우들이 천사처럼 보였다. 암흑의 세계에 살던 내가 거룩한 세계, 빛의 세계로 들어온 기분이었다. 이런 따뜻한 공동체에 내가 속하게 되어 기뻤다.

청와대에 보낸 편지

　　교회에 첫발을 내딛고 얼마 되지 않았을 때였다. 나는 길에서 쓰러져서 집에 돌아오게 되었고, 큰 절망에 빠졌다. 나로 인해 힘들어하시는 어머니께 너무 죄송했다. 어머니는 평생 다니시던 공장에서 나이가 많아 더는 일을 할 수 없게 되면서 지하철 역 청소 용역 업체에 취직하셨다. 어머니의 구역은 국립묘지 부근의 4호선 동작역이었고 새벽 4시 반에 출근해서 일을 하셨다.

　　그때 나는 불면증을 앓고 있어서 잠을 못 자다가 새벽이 오고 아침녘이 될 때쯤 지쳐서 잠깐 잠이 들곤 했다. 매일 자정마다 라디오 프로그램 〈음악과 인생〉을 청취했는데, 힘들고 어렵게 사는 사람들의 사연을 선정해서 DJ가 낭독해주고 음악을 틀어주는 방송이었다.

　　나는 편지를 써서 방송국으로 보냈다. 며칠 동안 기다려도 소식이 없기에 체념하고 있었는데 방송에 내 이름과 편지 내용이 나왔다. DJ가 촉촉한 음성으로 말했다.

"어린 청년이 어려움에 처했습니다. 이 사연을 들은 청취자 분들의 도움의 손길이 필요합니다."

나는 내 사연이 채택되었다는 사실과 도움의 손길을 받을 수 있다는 희망이 생기자 다시금 힘을 내기로 했다. 하지만 하루 이틀 한 달 두 달이 지나도 아무런 소식이 없자 낙심하는 마음이 생겼다.

'그럼 그렇지. 어떤 사람이 나를 도와주겠어.'

손에 잡았던 한 조각 희망마저 사라지자 오히려 편지를 보내기 전보다 더 좌절되었다. 설상가상 나는 다리뼈가 썩어가는 상황이었다. 어떻게 해야 할지, 고민하면 고민할수록 더 힘들기만 했다. 캄캄한 골방 안에서 나는 지푸라기라도 잡는 심정으로 대통령에게 편지를 썼다.

'제발 살 수 있는 기회를 주세요. 한 번만이라도 수술할 수 있는 기회를 주시면 꼭 보답하겠습니다.'

구구절절 살려달라는 말로 꽉 채워진 편지를 보내고 한 달 후에 동사무소 직원들이 우리 집을 방문했다. 청와대에서 구청으로 연락하자, 구청에서 동사무소로 편지를 전달한 것이다!

"청년은 제도적으로 아버지를 비롯해 가족들이 다 있지만, 편지 내용이 너무 애절해서 정확한 사정을 조사하기 위해 왔습니다."

아버지는 집을 나가신 지 오래였고 누나는 직장생활을 하면서 간신히 집안일을 도와주고 있었다. 동사무소 직원들은 우리 집 상황을 하나도 빠짐없이 조사해간 뒤 얼마 후에 다시 찾아와서 방 안에 홀로 누워 있는 나를 보며 수술할 수 있는 기회를 주겠다고 했다.

"특별히 혜택을 줘서 수술해드리는 겁니다. 잘 치료받으세요."

"예, 감사합니다. 이루 말할 수 없이 감사합니다."

치료의 기회가 주어졌다는 것이 믿어지지가 않았다. 마음속으로 나는 내가 다시 살 수만 있다면 세상에 조금이라도 보답하며 살아야겠다고 다짐했다.

스무 살 청년의 고민과 아픔

청와대에 보낸 편지로 인해 수술을 받게 되어 기뻤다. 그렇지만 우리 집에서도 희생이 필요했다. 어머니는 내가 3년 동안 한 번도 뜯지 않고 드린 월급봉투를 모두 모아두셨다. 이 자금을 합하여 우리 가족이 전세방으로 옮겼었다. 그렇게 우리 집은 난생 처음으로 월세방을 벗어났다. 그런데 전세방으로 옮긴 지 얼마 안 되었을 때 수술이 결정되어, 어머니는 내 수술을 위해 전세금을 빼서 다시 월세를 구해 달동네로 이사를 가야 했다. 마음은 무거웠지만 수술이 잘되어 몸이 좋아지면 다시 열심히 일해서 전세방으로 가면 된다고 스스로를 위로했다.

병원에 입원해서 수술 날짜만을 기다렸다. 이른 아침부터 수술할 다리의 털을 전부 깎고 소독을 몇 번씩 한 후 다리 전체를 붕대로 감아두고 저녁부터 다음 날 아침까지 금식하면서 수술을 기다리고 있었다. 중환자일수록 아침 일찍 먼저 수술을 한다. 그래서 아침에 혈압을 체크했는데 수치가 너무 높아 수술을 할 수 없다는 판정을 받았다. 그냥 수술을 받게 해달라고 요청했으나 수술 중에 사고가 생길 위험성이 있어서 안 된다고 했다.

나는 하루하루 늘어나는 병원비 때문에 빨리 수술을 받고 퇴원하고 싶었다. 혼자 몸으로 모든 것을 꾸려나가시는 어머니의 모습을 보는 게 너무 힘들었다. 의사 선생님은 수술 시 위험한 상황이 발생하지 않도록 미리 약을 잘 먹으며 준비하라고 했다. 하지만 나는 수술 중에 깨어나지 않기를 바라며 약을 먹지 않고 몰래 서랍에 모아두었다. 어느 날 모아둔 약을 보면서 평생 수술만 하면서 죽어가는 내 모습을 상상하니 자기연민의 감정이 몰려왔다.

'태어나서 지금까지 내 인생은 고통으로 시작해서 고통으로 마치는 구나. 평생 수술만 하다가 죽는구나. 어린 나이에 꽃망울 한 번 터트려보지도 못하고 인생을 접는구나!'

수술실에 들어가서 마취를 하게 되면 나는 이 잠에서 깨어나지 않고 세상을 떠났으면 좋겠다는 생각을 했다. 살짝 겁이 나기도 했지만 그게 더 나을 것 같았다. 한숨을 쉬며 수술실로 들어갔다.

'태어날 때 아무것도 입지 않고 온 것처럼 지금도 다 벗고 있으니 이 대로 죽었으면 좋겠다.'

나는 하얀 시트를 덮고 소리 없이 눈물로 침상을 적셨다. 여섯 살 때 수술했던 왼쪽 대퇴부 뼈에 고정시킨 철을 다 떼고 고관절을 잘랐다. 그리고 허벅지 뼛속에 인공고관절을 넣고 의료용 시멘트를 채워 넣은 뒤, 인공 쇠철사를 가지고 허벅지 뼈 전체를 꽁꽁 묶어버렸다. 썩어가는 뼈를 절단하는 것은 한 달 정도 시간이 지나면 통증이 가라앉았지만, 가장 고통스러운 것은 생뼈를 자르는 일이었다. 생뼈를 떼어 수술할 부분의 뼈에 일부를 이식하는 작업이 이루어졌다.

몇몇 대학병원에 뼈 은행이라는 게 있어서 건강한 사람이 갑자기 교통사고를 당했을 때 해외에서 뼈를 수입해 수술했는데, 가격이 몇 천만 원씩 했다. 그렇지만 나는 사정이 여의치 않아 골반 양쪽에 튀어 나온 뼈를 잘랐다. 예전에 병든 뼈를 자를 때는 시원했는데 이번에 생뼈를 자를 때는 너무 아팠다. 작게라도 기침을 하게 되면 온몸이 울려서 뼈를 도려내는 것처럼 아팠기에 기침도 잘 못하고 숨도 조심조심 주의하며 쉬어야 했다.

10시간의 수술이 끝나고 마취가 풀리면서 본격적인 고통이 시작됐다. 회복실로 들어가면서 나는 깊은 탄식이 배어 있는 한숨을 쉬었다. 다른 환자들은 수술실에서 나오면 오매불망 자신을 기다려준 가족들이 몰려들어 손을 잡고 위로의 말을 건넸다. 그러나 나는 수술실에 들어갈 때도 혼자였는데, 나올 때도 혼자였다. 수술실에서 살아 나온 게 마치 죄를 짓고 나온 기분이었다.

'또 살았구나!'

수술실에서 나오는 순간 추후에 다시 수술실에 들어가야 하는 내 모습이 떠올랐다.

'차라리 그냥 살다가 죽더라도 다시는 수술을 안 하고 싶다.'

수술을 하기 전에는 나중에 포기하더라도 단 한 번만이라도 수술을 받을 수 있는 기회가 주어지기를 간절히 원했는데, 그런 마음은 온데간데없고 고통스러운 그 순간이 전부가 되어버렸다. 나는 고통에 못 이겨 의사에게 이런 부탁을 하기도 했다.

"선생님, 그냥 두 다리를 잘라주세요."

나는 이미 어린 시절부터 내가 걸어서 생활한다는 것은 시간이 갈수록 더 어려워진다는 것을 알았다. 물론 의사도 알고 있었다. 결과가 불을 보듯 뻔하니 고통스러운 수술을 감당할 힘이 없었다. 내 말을 듣고 의사도 한동안 침묵하다가 작은 목소리로 말했다.

"고통스럽고 힘들더라도 다리가 있는 게 나아요. 사람들이 보기에 모양도 그렇고….."

스무 살 청년이 두 다리가 없는 채로 엉덩이로 움직이면서 평생 살아가야 한다는 것은 안타까운 일이다. 그러나 나는 이미 고통 속에 생각이 마비된 상태였다. 평생 휠체어를 타거나 목발을 짚고 살아가도 좋으니 수술만 받지 않았으면 좋겠다는 게 당시 나의 소원이었다.

수술을 마치고 나오면 온몸의 신경들이 살아나서 고통이 심했다. 끔찍한 고문이었다. 너무 힘들 때는 옆 침대에 누워 있는 환자에게 손을 좀 잡아달라는 부탁을 했다. 흐르는 눈물을 멈출 수가 없었다.

어린 나이부터 고질병에 시달리면서 간신히 숨만 쉬고 침대에 누워 있는 게 내가 할 수 있는 전부였다. 너무 우울했다. 불면증에 시달리며 뜬눈으로 수없이 많은 밤을 지새웠다. 사는 게 마치 칼날 위를 걷는 느낌이었다.

수술을 마치자, 기침도 하지 못하고 8일 동안 대변을 참았다. 똥이 수술 약물로 다 타버린 데다 괄약근에 힘을 주면 수술한 실밥이 터질 것 같고 수술 받은 뼈가 움직이기 때문에 고통스러웠다. 배는 아프고 식은땀이 줄줄 흐르는데 정신은 멀쩡하니 그 고통은 말로 표현할 수가 없었다. 가끔 병실 복도를 지나다니는 사람들이 나를 연민의 눈으로 바라보는 것도 전혀 도움이 되지 않았다.

'차라리 죽고 싶구나. 이 고통은 언제쯤 끝날까?'

어머니는 나를 간병하기 위해서 좁은 5인실 보조 나무판 침대에서 주무시면서 새벽일을 다니셨다. 간병인의 도움 없이는 혼자 지낼 수가 없었기에 나는 대소변을 참으며 어머니가 저녁에 돌아오실 때까지 기다렸다. 일을 마치고 돌아온 어머니는 나를 돌보다가 작은 나무 침대에서 불편하게 주무셔서 어깨에 담이 걸리고 말았다. 급기야 청소 일을 하시는 어머니가 어깨를 못 쓰게 되셨고 코피까지 흘리셨다. 무리하게 일하고 나를 돌보다가 몸살약을 먹으며 버티는 환자가 된 것이다.

새로운
삶이
펼쳐지다

수술 이후 나는 퇴원해서 혼자 방에서 매일 굳어진 근육과 관절을 풀어주는 운동을 했다. 발목에 붕대를 묶고 휠체어에 앉아 양손으로 잡아당기며 하루 종일 재활치료에 몰두했다. 무릎관절을 꺾고 펴는 것을 반복하다 보면 얼굴은 빨개지고 온몸은 땀범벅이 된다. 그래도 꾹 참고 계속 노력했다. 살고 싶어서, 하루 빨리 지옥 같은 투병생활에서 벗어나기 위해 혼신의 힘을 다했다.

양변기가 없으니까 의자에 구멍을 뚫고 신문지를 깔고 볼일을 봤다. 두 다리를 수술하고 집에서 스물두 살 때까지 혼자 있었다. 교회도 갈 수 없었다.

내가 재활치료를 아무리 열심히 해도 어린 시절에 깁스를 하고 누워 있던 시간이 길었던 탓에 인대와 관절 마디가 다 굳어버려 큰 효과는 없었다. 어린 시절에 무릎도 잘 구부러지지 않았고 다리를 옆으로 벌리는 것도 힘들었다. 그래서 한 번도 자전거를 타지 못했다. 자전거 안장에 앉으려면 다리를 벌려야 하는데 관절이 구부러지지 않고 뻣뻣해서 움직여지지 않았다.

그러나 지난 시간을 회상하며 아파하기보다 현재 주어진 삶에 최선을 다해야 했다. 나는 길거리에 사람이 없을 때 조심스럽게 계단을 오르락내리락하면서 다리 근육에 힘을 키웠다. 그러자 어떤 날은 10미터를 걷게 되었다. 그리고 다음 날은 30미터를 목발 없이 걸었다. 스물두 해를 살아오면서 가장 통증이 없는 시기였다. 아마 병든 두 다리의 고관절을 절단하는 수술이 성공적으로 잘되었던 모양이다.

건강을 되찾은 나는 곧장 장애인 재활원에 들어가 기숙사에서 생활하면서 귀금속 세공 기술을 배웠다. 어떻게든 살아야 했고, 어머니께 효도하고 싶었다. 아픈 아이는 어머니에 대한 의존성이 더욱 강해질 수밖에 없다. 모든 사람에게 어머니는 특별한 존재이겠지만 나에게는 더욱 그랬다. 내 인생의 목적은 어머니께 효도하는 것이었다.

사실 청소년기에 나는 아침에 일어나면서부터 잠들 때까지 죽음에 대해 묵상했다.

'어떻게 하면 소리 없이 이 세상에서 사라질 수 있을까?'

악한 영이 연약해진 내 육신을 바라보게 하고 내 생각을 어지럽히자 자연스럽게 그런 생각이 들었다. 그럼에도 직접 행동으로 옮기지 못한 이유는 연약한 여자의 몸으로 감당하기 힘든 일들을 온몸으로 부딪혀가며 성실히 살아가는 어머니 때문이었다. 어머니가 겪는 고통스런 일상이 내가 겪는 고통만큼이나 나를 멈칫하게 했다.

재활원에서 기술을 배우면서 나는 검정고시를 준비했다. 훗날 기술자가 된 후 누군가를 가르치는 자리에 서게 될지도 모르고, 나중에 무엇인가를 배우고 싶을 때 기회를 박탈당하고 싶지 않았기 때문이다. 기술을 배워 돈을 버는 것도 중요하지만 무엇보다 지혜로운 사람이 되고 싶었다.

사람들은 검정고시 시험을 대비해 학원을 가야 한다고 했지만 내가 할 수 있는 최선은 주어진 상황에 불평하지 않고 혼자 열심히 공부하는 것이었다. 드디어 첫 시험을 치르고 9과목 중 한 과목만 빼고 모두 좋은 성과를 거두었다. 그다음 응시에서는 완전한 합격의 영광을 누렸다. 기쁜 일이 이중으로 겹쳐 그즈음에 운전면허도 딸 수 있었다.

처음에 운전면허를 따기로 결정했을 때, 어머니가 20여만 원을 주시면서 학원에 등록하라고 하셨다.

"아무래도 운전면허학원에 가서 배워야 하지 않겠니?"

나는 가정 형편을 생각해서 좀 더 시간적인 여유를 두기 원했다.

"혼자 하다가 안 되면 그때 돈을 주세요."

처음에는 돈을 받지 않으려고 사양했으나 어머니의 강요에 못 이겨 얼마 후 돈을 받아, 장롱 속에 넣어두었다. 기능시험을 보면서 그

느낌을 잘 기억해두었다가 도전하는 게 더 유익할 것 같았다. 실기시험에 몇 번 떨어지기는 했지만 그 과정에서 몸으로 운전을 익혔다. 결국 합격해서 운전면허증을 손에 넣게 되었다. 면허증을 보고 또 보며 얼마나 기뻐했는지 모른다. 당시 내 또래의 친구들 가운데 운전면허증을 소유한 사람이 많지 않았다.

'학원도 가지 않고 면허증을 따게 되다니 하나님의 은혜구나.'

나는 하나님의 격려 속에서 자신감을 찾고 자존감을 높일 수 있었다. 더불어 어머니에게 받은 돈을 다시 돌려드릴 수 있어서 더욱 기뻤다.

이후 일 년 동안 성실하게 실습생활을 하고 국가기술자격증 시험에 응시해서 귀금속 자격증을 취득했다. 수술도 성공적으로 이루어져 아프지 않을 뿐만 아니라 걸을 수 있는 상태가 되었으니 그해에는 기쁜 일이 가득 넘쳤다. 하나님이 나의 삶을 긍휼히 여기시고 많은 선물을 주신 것 같았다.

얼마 후 나는 종로에 있는 귀금속 센터에 취업을 했다. 밑바닥에서부터 차근차근 배워나갔다. 심부름을 하느라 계단을 하루에 100번은 오르락내리락했지만 경제적으로 자립하여 어머니께 도움을 드릴 생각을 하며 힘을 냈다. 실전에서 일하면서 기술도 배우고 월급까지 받으니 정말 좋았다. 하지만 내 몸은 조금씩 혹사당하고 있었다. 의사는 목발을 사용하라고 했지만, 나는 그 말을 새겨듣지 않았다. 사람의 마음이라는 게 참 이상하다. 조금이라도 목발 없이 걸을 수 있게 되니 목발이 번거롭게 여겨졌던 것이다.

어머니를 전도하다

나는 내 삶에 베풀어주신 하나님의 은혜에 감사하며 주어진 환경에 최선을 다해 살면서 조심스럽게 어머니에게 교회에 대한 이야기를 꺼냈다.

"엄마, 우리 같이 교회에 가요."

"알았어. 쉬는 일요일이면 꼭 나갈게."

"그럼 다음 주 일요일에 쉬니까 꼭 같이 나가야 해요!"

"그래, 알았다."

하지만 어머니는 생활비를 조금이라도 더 벌기 위해 일요일에도 야간근무를 하셨다. 나는 어머니가 차일피일 교회에 가는 것을 미루자 결심을 하고 강권하기로 했다.

"만약 어머니가 교회에 안 나가시면, 저도 교회에 안 나가고 일도 그만둘 거예요! 이것은 그만큼 중요한 일이에요!"

그러자 얼마 후에 어머니가 교회에 등록을 하셨다. 성경 지식도 없고 믿음이 뭔지 잘 몰랐지만 우리 가족이 최소한 지금보다는 더 나아질 것 같은 희망이 샘솟았다.

사실, 수술할 때도 나의 사정을 알고 교회에서 도움을 주었다. 수술 전에 혈액을 준비해야 한다는 사실을 알고, 청년들과 집사님들이 헌혈을 해주었다.

어머니는 내심 수술 과정 중에서 교회에서 받은 엄청난 사랑에 감격하셨고, 내가 열심히 사는 모습을 보며 교회에 대한 좋은 인상을 갖게 되어 흔쾌히 예배당으로 발걸음을 옮긴 것이다. 우리는 주일마다 함께 예배드리는 기쁨을 맛보게 되었다.

가슴 찢어지는 이별

아픔과 고통이 익숙한 내게 한꺼번에 찾아온 행복이 왠지 불안했다.

'정말 이래도 괜찮을까? 이렇게 평온하게 살아도 되는 걸까?'

뒤늦게 맞이한 행복이 어색하고 낯설었던 게 사실이다. 그런데 호사다마라고 했던가? 얼마 못 가서 예상하지 못한 충격적인 소식을 듣게 되었다.

"애야, 빨리 병원으로 와봐라. 엄마가 아프다."

이모의 전화를 받고 나는 부랴부랴 병원으로 달려갔다. 어머니는 집 근처 병원에 감기로 입원해 있는 조카 손자의 병문안을 갔다가 갑자기 하혈을 했다. 검사 결과 자궁암이라는 판정을 받았다.

'내가 2,3년간의 다리 수술을 마치고 걷기 시작한 지 얼마 안 되었

고, 어머니도 이제 신앙생활을 시작하셨는데 어머니가 암이라니….'

병원에서는 암이 어느 부위까지 전이되었는지 다시 정밀검사를 받아야 한다고 했다. 나는 검사 결과가 오진이기를 기도했다. 오진이 아니더라도 암 초기로 판명받기를 두 손 모아 기도했다. 나는 두려움에 압도당하지 않기 위해 스스로를 위로하면서 결과를 기다렸다. 얼마 후 병원에서는 자궁암 2기라고 말했다.

나는 심사숙고한 끝에 직장을 그만두었다. 형은 집을 나간 지 오래되었고, 누나는 어렵게 구한 직장에 나가기 위해 몇 번이나 버스를 환승하면서 힘들게 지내고 있는 상황이었다. 당장 집에 아무도 없으니 내가 간호를 해야 했다.

'그래, 어머니의 남은 세월보다 내게 남은 세월이 더 많아. 평생 고생만 하신 어머니가 외롭게 혼자 돌아가시면 나중에 정말 후회하게 될 거야. 일은 나중에 얼마든지 할 수 있어. 나는 아직 어리니까 또다시 기회가 올 거야!'

나 역시 힘들게 구한 직장이고 중간 기술자로 막 자리를 잡는 과정이라 조금만 고생하면 상급 수준까지 올라갈 수 있었다. 처음 온 좋은 기회를 놓치고 싶지 않은 마음도 있었지만 나에게 더 중요한 것은 어머니였다.

어머니는 수술에 들어갔고, 당초 2시간 걸린다고 했던 수술은 6시간 가까이 소요됐다. 수술실에 있는 어머니를 기다리며 오랜 병원생활에서 오는 직감으로 알 수 있었다.

'어머니가 이 땅에서 사실 날이 얼마 남지 않았구나.'

나는 수술실에서 나오는 어머니의 수술대를 끌어안은 채 엉엉 울면서 기도했다.

'하나님, 살려주세요! 저 때문에 평생 고생하시다가 이런 병이 생긴 거예요! 하나님만이 살려주실 수 있습니다. 차라리 저를 데려가시고 어머니를 살려주세요. 생명만 살려주신다면 무엇이든 하겠습니다!'

나는 어머니를 간호하며 기도했다. 평생 환자의 입장에 있던 내가 간병인 입장에 서게 되었다. 환자였을 때는 육체적인 아픔뿐만 아니라 정신적인 고통이 너무 크게 다가왔다. 그런데 병간호를 해보니 보호자로서 느끼는 또 다른 아픔이 있음을 느꼈다.

병원비가 넉넉지 않아서 최소한의 수술만 받고 집으로 돌아왔다. 나는 자식으로서 할 수 있는 모든 방법을 다 동원해보고 싶었다. 그래야 후회가 없을 것 같았다. 병의 후유증이나 재발을 막기 위해 방사능 치료를 받아야 했는데 치료비가 없어서 못한 것이 마음에 걸렸다. 나는 최선의 선택을 위해 어머니를 두고 다시 취업을 했다. 하지만 적은 월급에서 월세를 내고 남은 돈으로 교통비와 생활비를 충당하다 보니 돈이 모아지질 않았다.

어머니는 내가 혼자 힘들게 일하는 모습을 보고 몰래 전자제품 조립공장에 일을 다니기 시작했다. 무리하면 재발 가능성이 높으니 절대 일을 해서는 안 된다는 의사의 경고를 귀담아들었어야 했다. 슬프게도 얼마 안 가 어머니의 몸 상태는 급격히 안 좋아졌고, 수술한 지 일 년도 안 되어 병이 재발했다.

간절한 기도

하루는 퇴근하는 길에 갑자기 어머니와 함께 찬송을 불러야겠다는 생각이 들었다. 그러면 불안한 마음이 진정될 것 같았다. 곧장 종로에 있는 음반 가게에 가서 찬송가 테이프를 사서 매일 틀어놓고 따라 불렀다. 신앙생활을 한 지 2년도 채 안 되었을 때라 모르는 것이 많았지만 찬송가를 부르면서 간절하게 기도하는 가운데 주님의 도우심을 구했다.

어머니의 병이 더 악화되자 나는 일을 그만두고 어머니를 모시고 기도원으로 갔다. 하지만 기도원에 걸어서 올라가신 어머니는 내려올 때는 부축을 받으셔야 할 정도로 악화되었다. 애타는 마음으로 나는 매일 한남대교를 건너 새벽기도를 갔다.

'하나님 아버지! 제발 어머니를 살려주세요. 저의 목숨을 취하시고 평생 고생만 하신 어머니는 좀 더 살도록 생명을 연장시켜주세요! 저는 어머니를 먼저 보내고 살 자신이 없습니다.'

목에서 피가 나올 정도로 간절히 기도했다. 목이 막혀서 이틀 동안 한마디도 못할 정도로 부르짖으며 새벽마다 눈물로 오직 생명의 주관자 되신 하나님만을 의지하며 나아갔다.

어머니는 25일 동안 밥을 한 숟가락도 드시지 못했다. 나는 목사님을 집으로 모셔와 어머니가 세례를 받을 수 있도록 했다. 내가 살던 집에는 8가구가 함께 살았는데, 무당과 술집을 하는 분, 이혼한 후 혼자 사는 여인 등 약하고 불행한 계층의 사람들이 모여 있었다.

하루는 술집 아주머니가 죽을 만들어서 어머니께 드렸다. 그런데 물만 드시고 밥을 전혀 못 드시던 어머니가 그날은 죽 한 그릇을 다 드셨다. 그리고 나에게 말씀하셨다.

"아들아, 오늘은 새벽기도 가지 말고 내 곁에 있어줘라."

"왜요?"

"오늘은 어디에도 나가지 말고 나랑 같이 있었으면 좋겠구나."

"네, 알겠어요. 안 나갈게요. 어머니 옆에 있을게요."

그날, 새벽 3시에 어머니는 마지막 숨을 거두셨다.

어머니가 눈을 감기 직전에 나에게 남긴 유언은 두 가지였다.

"교회에 빠지지 말고 다녀라. 목사님 말씀을 귀하게 여기며 잘 들어라."

"예, 어머니! 약속할게요."

어머니는 아주 짧은 시간 동안 신앙생활을 하셨지만 병든 아들을 홀로 두고 떠나기 직전 가장 안전하고 믿을 만하다고 느낀 교회에서 받은 하나님의 사랑에 대해 핵심적인 유언을 남기셨다.

나도 어머니가 무엇을 걱정하고 계신지 알고 있었다. 그래서 하나님 품에 안기기 직전까지 자식을 걱정하시는 어머니를 안심시키기 위해 손가락을 걸고 굳게 약속했다.

나는 입관예배를 드리던 날 어머니의 관을 붙잡고 울부짖었다.

"어머니, 가지 마세요! 저를 두고 가면 어떻게 해요. 평생 고생만 하시고 이렇게 가시다니요. 조금만 기다리면 효도하려고 했는데…."

오열하는 나를 누구도 말리지 못했고 영구차도 떠나지 못했다. 한참 시간이 흐른 뒤에야 장례 절차가 진행되었다. 큰집 형님들이 먼저 가서 선산에 흙을 파서 무덤을 만들었다. 어머니의 관이 땅 속으로 들어가는 모습을 보면서 내 인생의 전부였던 어머니와 이별을 한다는 현실이 믿어지지 않았다.

'제가 가장 존경하는 우리 어머니, 너무 고생만 하시고 가셔서 마음이 아파요. 어머니의 흔적을 잊지 않을게요! 하나님 아버지의 품에서 저를 위해 기도해주세요. 이 땅에서 믿음으로 승리하는 삶을 살 테니 계속 지켜봐주세요.'

세상에 혼자 남은 듯한 슬픔

어머니는 돌아가시는 날까지 20여 년 넘게 수술과 병원생활을 반복하는 나를 있는 모습 그대로 사랑해주셨다. 나를 버리지 않고 궁궐보다 더 값지고 환한 어머니 품에서 최선을 다해 길러주셨다.

어머니의 죽음과 함께 내 인생도 위기를 맞기 시작했다. 그때까지 하나님을 깊이 알지 못한 상태였고, 내 꿈과 목적은 어머니께 효도하는 것이었는데, 그 목적이 없어져버리니 허탈했다.

어머니는 돌아가시기 전에 나에게 동사무소에 가서 영세민 아파트를 신청하라고 했다. 정부에서 최저생계비로 살아가는 사람들에게 보증금 없이 월세만 받고 공급해주는 집을 신청해보라는 것이었다.

"통장 아주머니가 우리는 대상 자체가 안 된다고 하지 않았어요?"

"그래도 한번 해봐."

"알았어요."

곧 돌아가실 것 같은 어머니 마음을 조금이라도 편하게 해드리기 위해 동사무소에 가서 신청을 했다.

그런데 어머니가 돌아가시고 방황하고 있을 때 동사무소에서 영세민 아파트에 당첨되었다는 연락이 왔다. 돌아가시는 순간까지 자식을 생각하시는 어머니의 마음을 하나님이 어여삐 여겨주신 것 같았다.

아파트는 김포공항 부근이었는데 가보니 허허벌판이었다. 교회도 너무 멀고 차도 없었지만, 월세로 살던 집의 보증금을 다른 곳에 사용해서 살 곳이 없던 터라 그곳에 입주하고 싶었다.

그곳에는 새로 개발한 아파트촌이 많았다. 내가 살던 곳은 새터민, 장애인, 독거노인 등을 한곳으로 모아서 이주시켜놓은 곳이었다.

불편한 점이 많았지만 그래도 나에게는 감사한 보금자리였다.

어머니가 돌아가신 후 나는 방황했다. 교회도 한동안 가지 않았다. 저녁마다 못 먹는 술을 마시고 혼자 집에 누워 있었다. 연탄불도 꺼지고 먹을 것도 없는데 선뜻 일을 할 수 없었다. 다시 불면증이 생겨서 밤낮이 바뀐 생활을 하면서 지칠 대로 지쳐야 잠깐 눈을 감고 잠을 청할 수 있었다.

고생만 하다가 돌아가신 어머니를 생각하니 마음이 너무 아팠고, 어머니의 얼굴과 목소리, 나를 간병해주시던 손길이 떠올라 너무 힘들었다.

'하나님! 왜 어머니를 먼저 데려가셨나요? 이제 저 혼자 살아야 하는데, 세상을 살아갈 힘이 없습니다. 저는 이 상황이 두렵습니다.'

생계를 유지하기 위해 다시 직장을 구해야 했다. 그러나 어머니를 향한 그리움이 사무칠 때면 여전히 힘들었다. 이 땅을 떠나기 전에는 어머니에 대한 그리움을 완전히 지울 수 없을 것 같았다.

그즈음 지인의 소개로 일본에 일자리를 구하게 되었다. 일본은 여러 가지로 나에게 기회의 땅이었다. 새로운 곳에서 새롭게 시작하고 싶었던 차에 한국에서 받는 월급의 5배 이상을 준다고 하니 귀가 솔깃했다. 나는 7월에 있었던 청년부 수련회를 마치고 사장님이 준 여름 보너스 15만 원으로 어머니 산소에 다녀온 후 일본으로 출국할 계획을 세웠다.

하지만 내 인생은 내가 계획한 것과는 다른 방향으로 흘러가고 있었다. 하루는 대변에 피가 섞여 나왔다. 몸도 너무 아프고 뭔가 이상하다고 생각했지만 앞으로 다가올 것이 무엇인지 전혀 예측할 수 없었다.

살아만
있어다오

              간간이 혈변이 나올 때 알아차렸어야 했다. 하지만 매일같이 귀금속 상가에서 일하면서 일본으로 갈 꿈에 부풀어 있었던 때라 그 정도는 대수롭지 않은 일로 여겼다. 그러는 중에 종로 한복판에서 주저앉는 사태가 벌어졌던 것이다.

    그렇게 나는 앉은뱅이가 되었다. 다리가 꺾이면서 주저앉을 때 내 정신도 함께 무너져 내렸다. 일본은커녕 현관문 밖으로도 나갈 수가 없었다. 그동안 어두운 시절을 이겨내며 살아왔다고 생각했는데 이번에 닥친 어두움은 전과는 비교할 수 없이 깊었다. 나는 직감적으로 내 남은 인생이 송두리째 주저앉아버렸다는 것을 감지했다.

    고요하고 적막한 방에서 밤이 되면 밀려오는 공포와 우울, 불면증으로 나는 하루하루 쇠약해져가고 있었다. 가족들의 따뜻한 체온이

56

그리웠다. 아무도 나를 찾아오는 사람이 없었다. 우산으로 형광등 스위치를 눌러 불을 켜고 껐다. 하루는 일본에 갈 때 신으려고 사두었던 운동화가 보이지 않았다. 우리 집 문이 열려 있는 것을 알고 누가 훔쳐간 것이었다. 나는 펑펑 울었다. 단순히 운동화를 잃어버려서가 아니었다. 이제 걸을 수 없어서 신발도 필요 없다는 무언의 메시지처럼 여겨졌기 때문이다.

'이제 나는 평생 못 걷는구나. 이렇게 살아야 하는구나.'

나는 절망감으로 그날 하루 종일 울고 또 울었다.

'하나님, 저는 어떻게 해야 합니까? 제가 왜 이런 고통을 받아야 합니까? 사랑하는 어머니도 평생 저를 간병하시다 암으로 돌아가시고, 이제 저는 홀로 두려운 곳에 남았습니다.'

나는 방 안이 어두워지고 캄캄해질 때까지 두려움에 갇힌 나를 불쌍히 여겨달라고 울먹이며 기도했다. 기운이 없어 방바닥에 쓰러져 울면서 밤을 보냈다. 새벽에 눈을 뜨면 캄캄한 공간 속에서 다시 두려움이 몰려와 나를 휘감았다.

체력이 고갈되면서 탈진 증상이 심해지자 눈에 헛것이 보이기도 했다. 육신의 질병에 초점을 맞추니 마음의 병도 커졌다. 건강하지 않은 마음은 내 몸을 더 혹사시키고, 살아갈 수 없다는 생각에 사로잡히게 만들어 죽음의 골짜기로 향하게 했다. 나는 자살을 생각했다. 자연스럽게 그런 생각이 들었다.

'떨어져 죽을까? 손목을 그어볼까? 수면제를 먹을까? 촛불을 켜놓고 자면 산소가 없어져서 죽는다는데 한번 해볼까?'

매일 죽음을 생각했다. 어떻게 죽어야 할지 방법만 결정하면 고달픈 인생을 마무리할 수 있을 것 같았다. 하루가 시작되고 끝난다는 개념도 없었고 눈을 뜨나 감으나 똑같았다. 밥을 먹어야 한다는 의식도 없어서 굶기를 반복하니 내 몸이 허공에 떠 해부된 채 있는 것 같았다. 그런 상황에서도 고통은 너무나 확실하게 느껴졌다.

당시 내 심정은 사막 한복판에서 길을 잃은 어린아이와 같았다. 어머니가 돌아가시고 몇 년 안에 한꺼번에 당한 일들을 힘겹게 해결해야 했다. 몸도 마음도 내 것이 아닌 다른 사람의 것 같았다. 나를 보는 대부분의 사람들의 시선은 비슷했다.

'젊은 나이에 너무 안됐다.'

'어쩜 저렇게 인생이 안 풀릴 수가 있지? 너무 불쌍하다.'

내가 가장 평안히 쉴 수 있는 유일한 장소는 하나님의 품이었다. 세상이 두렵고 사람들의 시선이 무서웠다. 내가 생각해도 저주받은 인생처럼 보였다. 기도원에 올라가 막막하고 캄캄한 인생길을 어떻게 살아야 할지 하나님께 물어볼 때마다 말씀으로 약속을 주셨는데 막상 내 눈앞에는 아무런 희망의 실마리도 보이지 않았다. 나는 그저 혼자 골방에서 기도하거나 찬양하거나 누워 있는 게 전부였다. 하나님 앞에 나가서 몇 시간씩 찬양하며 기도할 때는 위로를 받았지만,

절망적인 현실은 아무것도 할 수 없도록 내 인생을 묶어버렸다. 그때마다 생명을 포기하고 싶은 마음이 들었다. 그러면 언제나처럼 똑같은 하나님의 음성이 들려왔다.

'살아만 있어다오!'

나는 벌레보다 더 작고 천한 존재였다. 벌레는 작지만 움직이며 먹이를 찾아나서는데 나는 그저 누워서 천장만 바라보고 있을 뿐이었다. 아무것도 하지 못하고 평생 그렇게 살아갈 수밖에 없는 운명, 더이상 얻을 것도 없고 잃어버릴 것도 없는 인생이었다. 하나님은 모든 것을 자포자기한 채 점점 가라앉고 있는 나에게 사정하듯이 생명줄을 놓지 말고 살아만 있으라고 말씀하셨다.

'왜 나에게 그런 말씀을 하시는 것일까? 혹시 살아 있으면 나에게도 새로운 삶이 펼쳐지는 것일까?'

내 인생이 너무 길게 느껴졌다. 가도 가도 끝이 없는 이 길의 종착지는 언제쯤 보이는 것일까? 과연 종착지가 있기는 한 것일까? 나를 이처럼 괴롭히며 끝까지 따라다니는 질병과 투병생활은 과연 이 땅에서 끝날 수 있을까? 갑작스런 사고로 생긴 병이 아니라 어릴 때부터 나타난 희귀병을 어떻게 고칠 수 있을까? 지금까지 어려운 고비를 넘기며 살아오지 않았던가. 나는 어떻게 해야 좋을지 알 수 없었다. 살아만 있으면 뭐가 어떻게 되는지 알려주시면 좋겠는데 하나님은 같은 말만 반복하셨다. 나는 그 말씀을 이렇게 받아들였다.

'아무것도 하지 말고 숨만 쉬고 있어다오. 나머지는 다 내가 알아서 할 테니 그저 살아만 있어다오.'

그 음성을 듣고 생기를 조금씩 찾기 시작했다.

'하나님, 저 죽지 않고 살아 있습니다. 그렇지만 제가 생명을 유지한다는 것이 어떤 의미를 갖는지 잘 모르겠습니다.'

결정적인 위기의 순간에 결정적인 하나님의 한마디로 위기를 넘겼다. 그렇지만 흐르는 눈물 위에 눈물이 더해져 이부자리를 적시고 있었다.

황소 대신 드린 찬양

열다섯 살 때 죽기를 각오하고 집을 나갔을 때 참 힘들었다. 그렇게 나갔다가 열아홉 살 때 쓰러져서 다시 집에 왔을 때도 썩어가는 다리를 잡고 여전히 힘겨운 삶을 살았다. 하지만 그때는 나를 버리지 않고 돌봐주시는 어머니가 있었다. 그 이전에는 형과 누나도 있었다. 그러나 이때는 아무도 없었다. 찾아오는 사람이 한 명도 없었다.

'당연하지. 내가 보여준 모습이라곤 늘 병으로 누워 있는 모습뿐인데 누가 나를 찾아오겠어!'

그러던 어느 날 열린 현관문 사이로 두 사람이 들어왔다.

"안녕하세요! 안에 누구 계신가요?"

동네 교회의 40대 중반 강도사님과 여자 전도사님이 지나가다가

문이 열려 있으니까 전도를 하려고 온 것이었다.

"들어오세요."

한 손에는 과자 봉지를 들고 있었다. 나는 배가 고파서 과자만 쳐다보았다. 그들은 들어와서 나를 보더니 내가 환자라는 걸 알고는 손을 얹고 오랫동안 기도해주었다. 그리고 맨 마지막에 이런 말을 했다.

"지금 당신은 이러고 있을 때가 아닙니다. 당신은 은혜 받고 하나님의 일을 할 사람입니다."

중증장애 환자에게 사명을 감당해야 한다니 조금 황당했다. 그때 나는 허벅지가 휘어진 상태여서 반 깁스를 했는데, 골반부터 발목까지 붕대로 감싸고 있었다.

'죽어가는 내가 사명자라고?'

현실과의 괴리감이 커서 쉽게 마음에 와닿지 않았다.

며칠 뒤, 눈이 오는 날이었다. 밖으로 나가 하늘에서 내리는 눈을 맞아보고 싶은 생각이 들었다. 그래서 한 번 일어나 보기로 작정했다. 누나가 비상시 사용하라고 사다준 전화로 복지관에 전화를 했다.

"제가 목발을 짚고 걸어서 밖으로 나가고 싶은데 혼자 일어날 수가 없습니다. 봉사자를 한 명만 보내주시겠어요?"

얼마 후에 집으로 온 봉사자의 도움을 받아 애를 쓰며 간신히 휠체어에 올라앉은 후 좀 쉬다가 부들부들 떨면서 목발을 잡고 서기 위해 애써보았지만 쉬운 일이 아니었다. 하체에 지탱할 만한 지지대가 하나도 없기 때문에 일어서는 것 자체가 위험한 시도였다. 나는 부축을 받으며 겨우겨우 목발을 잡고 부들부들 떨면서 일어섰다. 머리가 핑 돌면서 어지러워 몸이 쓰러질듯 흐느적거렸다. 주저앉은 지 반 년 만에 처음 서보는 것이었다.

다음 날, 하나님께 마지막 인사를 드리러 가야겠다고 생각했다.

'저 이 세상 떠납니다.'

세상을 등지기 전에 교회에 나가서 마지막으로 하나님께 인사하고, 질병으로 고통스러웠던 이 세상과 작별할 생각이었다. 이사 간 지 한 달도 안 됐을 때 쓰러지는 바람에 이 지역을 잘 몰라서 전도하러 왔던 분들이 준 주보를 가지고 교회를 찾아갔다. 휠체어를 타고 새벽에 눈길을 헤치며 한 시간을 낑낑댄 후 교회에 도착했다.

도착하고 보니 성도가 얼마 되지 않은 작은 교회였다. 그곳에서 기도를 하는데 내 안에 쌓여 있던 아픔과 고통이 터져나왔다. 기도가 아니라 눈물로 범벅된 흐느낌이었다.

그날은 내 인생이 새롭게 바뀐 날이었다. 하나님이 폭포수 같은 은혜를 부어주셨다. 3시간을 넘게 눈물과 콧물을 흘리며 하나님 아버지의 이름을 불렀다. 그렇게 기도하면서 내 마음의 상처도 조금씩 씻겨내려갔다.

이 땅에서 하늘을 바라보며 살지 못하고, 하루가 만 년처럼 길게 느껴져 고통스러워하던 내가 변화되었다. 새벽이 기다려지고 하나님을 만나러 간다는 기쁨이 생겼다.

새벽기도를 마치고 집에 와서 성경을 보기 시작했다. 그렇게 성경을 보기 시작해서 다음 날 새벽기도 갈 때까지 자지 않고 계속 읽었다. 성경을 가까이하게 되면서 말씀 속에서 하나님의 음성을 듣게 되고, 기도 응답도 많이 받게 되었다.

나는 조지 뮬러보다 기도 응답을 더 많이 받고 싶다고 기도했다. 방언기도를 하면서 하나님과 자유롭게 오랜 시간 동안 대화하면서 교제하게 되었다. 매일 새벽기도에 가서 5시 반에 목사님이 설교를 마치면 그때부터 오전 9시, 즉 교회에서 운영하는 선교원 교사들이 와서 자리를 비켜달라고 할 때까지 기도했다.

하나님께 마지막 인사를 하러 교회에 간 것인데, 새로운 삶을 시작하는 날로 바뀌었다. 따뜻한 성령님이 내게 임하셔서 위로해주시고, 내 안에 계신 예수님이 부활의 생명으로 다가오셨다. 내 영혼이 은혜 받고 마음에 평안을 얻으면서 나를 사로잡고 있던 죽음에 대한 생각이 없어지고 불면증이 사라져 잠을 잘 수 있게 되었다.

가진 게 없어도 드릴 게 있다

은혜를 받고 나니 하나님께 아무것도 드릴 게 없어서 너무 죄송했다. 그런데 하루는 성경을 읽는 중에 놀라운 사실을 하나 발견했다.

내가 노래로 하나님의 이름을 찬송하며 감사함으로 하나님을 위대하시다 하리니 이것이 소 곧 뿔과 굽이 있는 황소를 드림보다 여호와를 더욱 기쁘시게 함이 될 것이라 시 69:30,31

'찬양을 드리는 것이 황소를 드리는 것보다 낫다고? 황소 한 마리가 400만 원에 육박하는데, 이게 웬일이야!'

아무것도 드릴 것이 없었던 나에게 이 말씀은 참으로 기쁜 소식이 아닐 수 없었다. 이미 녹을 대로 녹아 심지도 다 타버려 작은 날개바람에도 꺼질 것처럼 위태롭고 비참한 내가 하나님께 드릴 것이 있다는 게 감격스러웠다. 그것도 소 한 마리보다 더 기뻐하시는 것을 드릴 수 있다니….

나는 찬송가를 부르기 시작했다. 한 곡을 수십 번씩 반복해서 부르기도 하고 하나님이 감동을 주시는 찬양을 찾아서 부르기도 했다. 어떤 때는 모르는 것도 그냥 마음을 다해 불렀다. 음도 모르고 박자도 엉망이지만 그때 나의 찬양은 영혼으로 드리는 찬양이었고, 두세 시간씩 울면서 드리는 눈물의 찬양이었다. 눈물이 흘러 얼굴이 퉁퉁 붓고, 찬양을 부르다가 잠이 들기 일쑤였다. 그러다가 새벽 두세 시 정도에 잠이 깼는데, 잠이 오지 않으면 다시 찬양을 불렀다.

내 주여 뜻대로 행하시옵소서

온몸과 영혼을 다 주께 드리니

이 세상 고락간 주 인도하시고

날 주관하셔서 뜻대로 하소서

찬송가 549장 〈내 주여 뜻대로〉 중에서

어저께나 오늘이나 어느 때든지

영원토록 변함없는 거룩한 말씀

믿고 순종하는 이의 생명 되시며

한량없이 아름답고 기쁜 말일세

어저께나 오늘이나 영원 무궁히

한결같은 주 예수께 찬양합니다

세상 지나고 변할지라도

영원하신 주 예수 찬양합니다

찬송가 135장 〈어저께나 오늘이나〉 중에서

찬송을 부르면서 하나님이 나를 안아주시고 품어주시는 느낌을 받았다. 세상 그 누구도 나를 한결같이 사랑해주고 품어준 사람이 없지만 오직 하나님만이 아플 때나 죽고 싶을 때, 더 나아가 죄를 짓고 회개했을 때도 한결같이 품어주셨다.

그러던 어느 날, 우연히 라디오를 켰는데 극동방송이 잡혔다. 라디오를 통해 뉴스를 듣고 찬양과 설교를 들을 수 있어서 감사했다. 그렇게라도 사람 목소리를 들으니 좋았다. 무너진 갱 안에 떨어지는 한 방울 물소리를 들은 것같이 마음이 떨리기 시작했다. 그때 문득 이런 생각이 들었다.

'아! 교회에 못 가는 상황이면, 주일 예배를 라디오를 통해서 드릴 수도 있겠구나.'

이후 나는 주일이면 라디오를 켜고 11시 예배를 드릴 준비를 했다. 감히 누워서 예배를 드릴 수는 없어서 온몸을 부들부들 떨면서 휠체어에 앉았다. 옷을 갈아입고 휠체어에 앉는 시간이 1시간 가까이 걸렸지만 경건한 마음으로 준비했다. 11시 예배가 시작되어 찬송을 부를 때면 몸과 마음에 쌓인 것들이 터져 폭포수 같은 눈물이 쏟아지는 가운데 심령에서 울려퍼지는 노래가 나왔다. 육신의 질병이 내 몸을 망가뜨리고 가둬둘수록 내 속에 하나님을 바라보는 믿음의 생명은 자유롭게 하나님 한 분만 찬양하고 있었다.

그때 드렸던 찬양과 예배의 감격이 아직까지 내 마음에 깊이 박혀 있다. 내가 눈의 초점을 잃고 마지막 호흡을 멈추는 순간까지 나의 하나님, 영원한 친구이신 주님만을 높이는 찬양을 하고 싶다. 부족한 입술이지만 영혼의 눈물을 담아 내 아픔의 질고를 대신 지신 십자가의 예수님만을 노래하며 살고 싶다.

주님의 손을 잡고 일어나다

나는 걷기도 하고 뛰기도 하며 하나님을 찬양했다. 걷고 뛸 수 있다
는 자체가 정말 감사했다. 그렇지만 더 감사한 것은 하나님이 살아
계셔서 내 인생을 주관하고 계신다는 사실이었다. 걷는 표적보다 걷
게 해주신 살아 계신 하나님을 생생히 만났다는 기쁨의 눈물이 넘쳐
흘렀다.

먼저
그의 나라와
의를 구하라

　　　　　　　　　　새벽기도를 하는 중에 재열이라는 친구를
만났는데, 나이가 같아서인지 잘 맞았다. 하루는 그가 나에게 신학
공부를 권면했다.

"너 신학교에 가는 게 어때?"

"신학교가 뭐야?"

재열이는 신학교가 어떤 곳인지 자세히 설명해주었다.

사실 나는 매일 말씀을 읽고 묵상하면서 신비한 체험을 하고 있었
다. 내 몸이 갑자기 성경책에 있는 말씀 속에 들어가 하나의 글자가
되는 듯한 경험이었다. 그때 하나님의 말씀이 얼마나 귀한지 몸소 느
꼈다.

'하나님의 말씀을 잘못 보면 안 되겠구나.'

성경을 더 깊이 묵상해야겠다고 생각한 나는 주석책을 한 권 빌렸다. 그것을 참고하면서 성경 한 장을 마스터하는 데 5일이 걸리기도 했다. 그렇게 성경 한 구절 한 구절을 주목하며 전체 문맥에서 어떤 의미를 갖는지 살펴보고 역사적인 배경을 연결시켜서 연구하고 있던 터였다.

'하나님, 제가 어떻게 하면 하나님을 위해 살 수 있을까요?'

신학교 진학 문제를 고민하며 기도하다가 어느 날 내가 결정을 해야 할 때가 됐다는 생각이 들었다. 마음을 다잡고 목사님과 전도사님께 신학교에 가고 싶다고 말씀드렸다. 그러자 조심스럽게 반대 의견을 내놓으셨다. 전도사님은 나의 몸 상태를 생각해서 돈을 벌어야 하지 않겠느냐고 말씀하셨다.

"믿음으로 살면 축복도 받고 형통한 삶을 산다고 하셨잖아요."

"지금 이 상황에서는 돈이 있어야 살아갈 수 있어요. 특히 형제는 몸이 건강하지 않은데 나중에 또 수술할 일이 생길 수 있으니 부지런히 돈을 버는 것이 좋겠어요."

나는 이미 십대에 사회 한복판에 뛰어들어 고된 노동의 현장에서 자본시장의 원리를 몸으로 배운 바 있다. 사회에서 자존심을 밟혀가며 돈이 얼마나 중요한지 깨달았다. 수술 한 번에 평생 모아둔 돈을 다 쓸 일이 생긴다는 것도 경험했다. 모으는 것은 어려웠지만 사용하는 것은 순간이었다. 하지만 나의 혹독한 삶을 하나님의 눈으로 바라보고 믿음으로 해석해주는 말을 듣고 싶었다.

'힘들고 가난하지만, 그래도 하나님께 기도하면 들어주실 거야! 절대 포기하지 마.'

이런 믿음의 말을 듣고 싶었지만 교회에서조차 현실적인 말을 듣자 문득 실망스런 생각이 들었다.

'내가 건강하거나 우리 집에 돈이 많거나 부모님이 교회 직분자였다면 상황이 달라지지 않았을까?'

물론 건강이 약한 내가 살아가려면 돈은 필수요소다. 이게 현실이다. 하지만 믿음의 세계도 영원하고 확실한 현실이 아닌가! 결정을 내려야 한다는 생각이 점점 커지면서, 내 인생의 마지막 승부수를 던져야겠다는 마음이 들었다. 그래서 기도원에 들어가 확실하게 하나님의 음성을 듣는 날까지 기도하기로 작정했다.

기도원에 올라가 사람들의 눈총을 받으면서도 다리를 쭉 뻗어야 했기 때문에 맨 앞에 앉았다. 하나님의 음성을 듣고 내려가야 그 말씀을 의지하고 순종하며 살아갈 수 있을 것 같았다. 기도하고 찬양하며 하나님의 응답을 기다렸다.

식량으로 준비한 건빵 다섯 봉지를 배가 고플 때마다 물과 함께 먹으며 기도했다. 눈물로 찬양하며 기도하는 가운데 나의 죄에 대해 깊이 회개함으로써 내 영혼이 점점 더 하나님 앞에 가까이 가고 있음을 느꼈다.

기도를 마치고 눈을 뜨면 내 옆에는 천 원짜리 몇 장과 기도원 식권들이 놓여 있었다. 내 기도와 찬양을 듣고 금식하며 기도하시던 성도들이 놓고 간 것이다.

나는 하나님 앞에 나아가 내 마음을 토로하며 계속 기도의 끈을 이어갔다. 때로는 지치고 힘이 들었다. 몸이 쇠약해져서 어지럽고 기력도 없었다. 하루에 다섯 번의 집회를 마치고 나면 새벽 1시가 되었는데, 그때 잠깐 성전 기둥에 기대고 잠을 자다가 다시 새벽기도에 참여했다.

그렇게 눈물로 기도하고 찬양하는 가운데 보름이 지날 때쯤, 드디어 하나님이 말씀해주셨다.

그런즉 너희는 먼저 그의 나라와 그의 의를 구하라 그리하면 이 모든 것을 너희에게 더하시리라 마 6:33

하나님은 분명하게 말씀으로 응답해주셨다.

'네가 나의 나라를 위해서 일생을 구별해서 살아라. 그러면 네가 이 땅에서 살아가는 동안에 먹고사는 문제는 내가 다 해결해주겠다.'

어릴 때부터 먹고사는 문제는 나에게 가장 큰 걱정이었다. 장애를 가진 몸으로 기본적인 밑천도 없이 살아간다는 것이 얼마나 비참한 일인지는 직접 경험해보지 않으면 모른다. 그런데 하나님이 먹고사는 문제를 다 해결해주겠다고 하신 것이다.

하나님이 말씀하신 핵심은 하나님나라를 위해 구별된 삶을 살라는 데 있었다. 나는 그 뜻을 기꺼이 따르길 원하므로 먹고사는 문제까지 해결해주겠다는 말씀에 큰 위로를 얻었다. 기본적인 의식주만 해결된다면 더 이상 욕심내거나 필요한 것은 없었기 때문이다.

나는 하나님의 약속의 말씀을 받고 바로 감사 찬양을 올려드리고 가방을 싸서 내려갈 준비를 했다. 기도원에서 하나님과 기도로 씨름하는 동안 앞길을 헤치고 나아갈 용기가 반딧불 크기만하게 생겼다. 사람의 마음속에 살아야겠다는 용기를 주시는 분이 하나님임을 새삼 깨달았다.

'인간이 살아갈 용기를 내는 것도 내 마음대로 만들 수 있는 게 아니구나!'

하나님이 내 마음에 생명의 가치를 불어넣어주시자, 용기가 생겼다.

주께서는 못 하실 일이 없사오며 무슨 계획이든지 못 이루실 것이 없는 줄 아오니 욥 42:2

기도원에서 받은 말씀을 가슴에 품고 새로운 삶에 도전해보기로 했다. 그래서 주님의 나라를 위해 살아야겠다는 마음을 확고히 하고 기도원에서 내려왔다. 하지만 현실은 내 몸 하나 추스르는 것조차 버거웠다.

'죽든지 살든지 둘 중 하나다.'

먼저 누나한테 부탁을 했다. 차마 신학교에 간다는 말은 못했다.

"누나, 돈을 빌려주면 트럭을 하나 구입해서 생선 장사나 과일 장사를 하려고 해."

당시 누나의 상황도 좋지 않았다. 불교 집안의 삼대독자에게 시집을 갔는데, 돈이 없어서 변변한 살림살이도 갖추지 못한 채 결혼했다. 그래도 누나밖에 없어서 살려달라는 심정으로 부탁을 했더니 결국 누나가 집을 담보로 은행에 보증을 서주었다. 누나의 도움으로 천만 원을 대출받았다(20년 전에 천만 원은 엄청나게 큰돈이었다). 그렇게 대출받은 돈으로 먼저 신형 프라이드를 샀다. 다리가 불편한 내가 이동을 하려면 차가 꼭 필요했기 때문이다. 그리고 야간신학교 입학금과 등록금을 냈다. 남은 돈으로 필요한 물품을 사고 생활을 유지했는데 얼마 못 가서 빈털터리가 되었다. 나중에 이 사실을 알게 된 누나는 펄쩍 뛰었다.

"미쳤구나. 장사한다고 해서 보증을 서줬더니 신학교를 들어간 거야? 거기서 밥이 나오니, 돈이 나오니? 네가 지금 그럴 형편이니?"

길거리에서 좌판 장사를 해도 살아가는 게 힘든 장애인이 신학을 공부한다는 것은 미치지 않으면 할 수 없는 일이었다. 나는 전심으로 하나님나라와 그분의 의를 구하는 길을 선택했기에 주님이 일용할 양식을 책임져주실 것으로 믿었다.

시험을 보러 가는 날 형이 운전을 해주었다. 평소에 가던 길로 갔으면 충분히 제시간에 도착할 수 있었는데 빠른 길로 간다고 올림픽대로를 타는 바람에 2시간이나 늦게 시험장에 도착했다. 도착해보니 시험이 끝나기 5분 전이었다.

"학생, 지금 앉아서 시험 봐도 이름 쓰고 나면 끝날 거예요. 이번에는 포기하고 다음에 다시 와요."

"그래도 조금이라도 풀어보고 싶어요. 시험지 주세요."

아쉬운 마음에 시험지를 달라고 했지만 문제도 읽지 않고 번호만 찍다가 종이 울려서 교실에서 나왔다. 그런데 놀라운 일이 생겼다. 서무과에서 시험을 안 보고 원서만 넣어도 되는 과가 있다고 했다. 바로 성서과였다. 나는 신학과에 가고 싶다고 했더니 나중에 편입시험을 보면 된다고 했다. 그래서 성서과에 원서를 넣고 합격했다(그리고 3학년 때 신학과로 편입해서 졸업을 했다).

학교에 다니면서 알게 된 사실은 성서과는 젊은 학생이 없다는 것이었다. 거기서는 내가 가장 어린 축에 속했다. 보통 학생들의 나이가 사십 대 후반에서 오십 대였고 학생 수도 20여 명에 불과했다. 대부분의 학생이 재수를 택할지언정 성서과에 들어오려고 하지 않았다. 학교에서도 은근히 무시하며 인정해주지 않는 과였다.

하지만 나는 하나님은 사람을 차별하지 않으신다는 것을 믿었고, 나 역시 하나님을 사랑하고 그분을 믿고 따르는 데 그 어떤 편견도 갖지 않을 것이라고 다짐했다. 내가 대학에 합격했다는 사실이 꿈을 꾸는 것처럼 감격스러웠다.

'하나님, 감사합니다. 지각해서 시험도 못 본 저에게 이렇게 기회를 주셔서 감사합니다.'

절망 속에서도 무엇인가 새롭게 시작할 수 있다는 그 자체만으로 내게는 내일을 살아갈 수 있는 힘이 되었다.

신학생의 하루 일과

야간 수업을 마치고 교회에 가서 잠깐 기도하고 집에 들어오면 새벽 1시였다. 그때 쌀을 물에 담가두고 잠을 잤다. 그리고 새벽 4시에 일어나 밥을 지어 도시락을 싸서 교회로 발걸음을 옮겨 새벽기도를 드리고 아르바이트를 갔다. 낮에는 장애인에게 배당되는 한 평 크기의 작은 공간에서 복권 판매 일을 하고, 밤에는 학부생 신분으로 돌아가 신학을 공부했다.

오후 3시 반에 아르바이트가 끝나면 학교로 갔다. 1교시 강의가 5시에 시작해서 마지막 강의가 10시 20분에 끝났다. 쉬는 시간이 20분이어서 그때 저녁 식사를 하는 사람도 있었는데 나는 계단을 오르내리는 것이 무서워 학교를 마치고 편의점에서 컵라면을 먹고 집으로 돌아왔다.

교회에 들르지 않고 집에 오면 밤 12시였다. 하루 평균 3시간씩 자면서 이 생활을 반복했다. 생각해보면 하나님이 주시는 특별한 은총으로 몸은 고단했지만 마음과 영혼은 새 힘을 공급받고 살아서 행복했던 시절이었다.

나는 지각하는 경우를 제외하고는 늘 강의실 맨 앞자리에 앉아 수업을 들었다. 피곤해서 나도 모르게 엎드려 졸지 않으려고 주의했다. 또한 시각장애를 가진 학우가 강의 시간마다 강의를 녹음해서 듣는 것을 보고 나도 따라 했다. 5년 동안 대부분의 강의를 녹음해서 김포에서 학교까지 가고 오는 시간에 그 테이프를 들었다. 졸업할 때까지 200개가 넘는 강의 테이프를 매일 통학하는 4시간 동안 열심히 들었더니 시험공부를 따로 하지 않아도 내용이 저절로 외워졌다. 그랬더니 만족할 만한 점수가 나왔다.

하나님만 바라보기 시작하면서 신학교에 조금씩 내 존재가 알려졌다. 그것은 성적 때문이 아니라 내 표정 때문이었다. 어느 날 구약학 교수님이 강의 중에 자신의 딸이 사고를 당해 발목에 깁스를 하고 목발을 짚고 다니는데 부모 된 입장에서 무척 안쓰럽다는 이야기를 했다. 그러고는 강의를 마친 후에 나에게 와서 이렇게 물었다.

"학생은 얼마 동안 그렇게 하고 다녔어요?"

"거의 평생이라고 해도 될 것 같은데요."

내 대답을 들은 교수님은 칭찬과 격려를 아끼지 않았다.

"어쩌면 이렇게 늘 밝은 모습으로 다닐 수 있어요? 대단해요."

나의 밝은 모습이 보기 좋다며 밥을 사주시는 분들도 있었다. 나는 내 표정이 어두운지 밝은지를 살펴본 적이 없다. 오히려 오랜 투병 생활로 인해 인상을 쓰고 있어서 어둡다고 생각했다. 그런데 다른 사람들은 내 표정을 보며 밝은 기운을 느낀 것이다. 아마도 하나님이 내 마음을 만져주실 때마다 나도 모르게 하루하루 표정이 밝게 바뀌었던 것 같다.

그러다 졸업을 앞둔 4학년 1학기에 학교에서 1년 정학을 받게 되었다. 3학년 2학기 등록금을 내지 않았기 때문이다. 절박한 마음으로 사무실 직원 앞에 무릎을 꿇고 울며 사정했다.

"나는 이곳에 목사가 되기 위해서 온 것이 아니라 살기 위해 온 거예요."

사실이었다. 나에게 신학은 하나님을 바르게 알아가며 하루하루 하나님을 만나기 위한 생명의 통로였다. 학교에서 버림받고 나면 다시 인생을 체념한 채 어둠 속으로 들어가게 될까 봐 두려웠다.

시간을 좀 더 주면 돈을 빌려오겠다고 사정했지만 소용없었다. 당시 나를 포함하여 세 명이 정학을 당했는데 두 명은 마음이 상해서 다음 학기에 학교로 돌아오지 않았다. 나만 돌아왔는데, 복학한 학기에 1등을 했다. 그 덕분에 등록금이 해결되었다. 내 실력으로 된 게 아니었다. 성적 장학금은 하나님이 내게 주시는 위로금이었다.

정학을 당해 학교에 다니지 못하는 동안 나는 멈춰버린 시간 속에서 하나님 앞에 엎드려 아무 말도 하지 못한 채 눈물만 흘렸다. 그런데 이후에 자세히 얘기하겠지만, 정학당했던 기간에 같은 반 학우였던 집사님의 도움으로 다시금 수술해서 새 희망을 얻게 되었으니, 하나님의 섭리는 내 작은 머리로 측량할 수가 없다.

한얼산 기도원 치유집회

야간 신학대학을 다니던 시절에 나는 목발이나 휠체어 없이는 한 걸음도 움직일 수 없는 중환자 상태였다. 계단을 하나하나 올라가며 공부하던 나를 학부 7년 동안 많은 교수님과 학생들이 보았다.

한번은 강의 시간이 끝난 후(정학 당하기 전) 같은 반 전도사님이 아프리카에서 오신 목사님이 한얼산 기도원에서 치유집회를 하는데 같이 가자고 했다. 나는 피식 웃고 말았다. 그의 마음은 고마웠지만, 예수님을 만난 후 나는 내가 가진 병과 걷지 못하는 현실을 있는 그대로 받아들이고 있었기 때문이다. 일어나서 걷지 못하는 상태가 계속된다고 하더라도 마음이 자유로운 상태였다.

그러나 여러 학우들이 계속 기도원 집회에 참여할 것을 적극적으로 제의하자 조금씩 망설여지기 시작했다.

'새벽 3시에 집회를 마치고 오면 피곤할 텐데….'

이런 생각을 하고 있는데 순간, 내 마음에 말씀이 하나 떠올랐다. 그것은 중풍병에 걸린 환자를 네 명의 사람들이 들것에 실어 지붕을 뚫고 예수님께 나아간 사건이었다.

'그래! 자신들의 문제가 아닌데도 이렇게 나를 위해서 노력하는데 그들의 마음을 봐서라도 가야겠구나! 어쩌면 나에게 기적이 일어날 수도 있지 않은가?'

그것은 믿음이라기보다 그저 막연한 희망사항이었다. 복권을 산 뒤 1등이 당첨되기를 바라는 심정과 같았다. 나는 그들과 함께 야간 수업을 마치고 한얼산 기도원으로 향했다. 기도원은 사람들로 꽉 차 있었다. 자리를 찾는 것이 쉽지 않았지만 나는 여기까지 온 김에 맨 앞에 가서 앉기로 마음먹고 다리를 질질 끌며 앞자리로 갔다.

아프리카에서 온 흑인 목사님은 집회의 막바지에 이르러 임의로 움직이며 손길이 닿는 사람에게 안수해주셨다. 그런 식으로는 아무리 기다려도 내 차례가 올 것 같지 않았다. 여기까지 와서 기도도 못 받고 돌아간다면 너무 속상할 것 같았다.

'저 목사님이 오지 않으면 내가 가서 들이밀어야겠다.'

나는 어렵게 사람들을 뚫고 나아가 그 목사님 앞에 머리를 내밀고 간신히 안수기도를 받았다. 기도를 받는 순간 중풍병으로 누워 있던 병자처럼 벌떡 일어나 자리를 털고 걷는다면 얼마나 좋겠는가. 그러나 그런 일은 일어나지 않았다. 아무런 역사도 일어나지 않자 함께 갔던 학우들도 약간은 미안한 표정이었고, 나 역시 속상한 마음을 안고 아무 말도 하지 않은 채 돌아왔다.

그렇지만 하나님의 섭리는 그때부터 나를 향해 한 발자국씩 앞서 움직이고 있었다. 내가 두 발로 걷든 걷지 못하든, 기적이 일어나든 일어나지 않든 하나님은 내 인생의 큰 설계도를 그리신 후 기초공사를 튼튼하게 해주셨다. 그리고 신앙의 벽돌을 하나하나 쌓아올리고 계셨다.

다시 수술할 기회를 얻다

그러던 어느 날 신문을 보다가 손바닥만한 크기의 광고를 접하게 되었다. 미국에서 공부하고 왔다는 정형외과 의사에 대한 광고였는데, 고관절 환자도 걸을 수 있다고 했다.

나는 7년 가까이 포기했던 나의 휘어진 다리를 수술받아서 펴보고 싶은 소원이 생겼다. 하지만 당시 내 상황은 하루하루 먹고사는 것도 기적이었다. 점점 다리뼈가 악화되어가는 것을 매일 눈으로 확인하면서도 최소한의 치료조차도 받을 수 없던 시기였다. 허벅지 다리가 기역자처럼 휘어져가고 있는데, 대퇴골을 받치고 있던 스틸(의료용 쇠막대)이 부러진 상태였다. 게다가 그 쇠막대기가 대퇴골을 건드려서 뼈가 점점 어긋나면서 신경을 건드리는 바람에 끔찍한 고통을 겪어야 했다. 늘 수술받을 시기를 놓치면 안 된다는 생각이 무거운 바위처럼 삶을 짓누르고 있었다.

그때 나와 같은 반 학우이자 수십 억 규모의 사업을 하던 집사님이 치료비를 지원해줄 테니 수술을 하라고 했다. 정말 놀라운 일이었다. 당시 학교에 가서 기도하고 눈을 뜨면 필통에 2만 원이 들어 있거나, 책상 위 책갈피에 3만 원이 꽂혀 있는 등 학우들이 몰래 넣어둔 돈이 발견되곤 했다. 중증장애를 갖고 있으면서도 늘 웃으며 밝게 사는 내 모습을 보면 힘이 나서 도와주고 싶다는 이들의 후원이었다. 수술비를 지원해주겠다고 한 집사님도 같은 이유로 수술을 권하신 것이다.

나는 고민하며 기도한 후에 집사님과 함께 신문에서 봤던 정형외과 의사를 찾아갔다. 내 몸 상태를 살펴본 의사는 다급한 목소리로 말했다.

"내 동생이었으면 내일 당장 수술 시간을 잡았을 겁니다."

엑스레이 사진을 보니 양쪽 다리 상태가 종이가 찢어진 것처럼 갈라져 있었다.

"이 상태에서 한 번 넘어지게 되면 모든 다리뼈가 부서져버리게 됩니다. 그렇게 되면 수술을 받더라도 최악의 상황이 발생합니다."

의사의 말에 의하면 미국에서 수입한 건강한 뼈를 내 다리뼈에 이식하는 비용만 2,500만 원이 든다고 했다. 그렇다고 해서 완치되는 것은 아니지만 통증을 악화시키고 있는 병 상태를 늦출 수 있다고 했다. 그곳에서 급하게 수술 날짜를 잡았는데 마음이 편치 않았다.

사실 내가 수술을 받고 싶은 의사는 따로 있었다. 내 다리를 10년 넘게 수술했으며, 관절 뼈 수술에 대해서는 세계적인 권위를 갖고 계신 분이다. 내가 스무 살 때 받은 양쪽 고관절 절단 수술을 집도하신 분으로 내 다리뼈의 상태에 대해 가장 잘 알고 있었다.

그때까지 나는 6개월에 한 번씩 6시간을 기다려서 그 분을 단 몇 분 동안 만났었다. 그러면 그 분은 마지막에 인사할 때 "조심히 가세요"라고 한마디 했다. 그 말밖에 할 수 없었을 것이다.

마지막으로 그 분을 찾아뵙고 수술을 받고 싶다는 마음을 내보였다. 이번에 수술을 도와줄 분이 있다는 상황을 설명하고, 수술비를 후원받기로 한 과정과 나의 간절한 마음을 털어놓으니 한번 해보자고 했다. 나는 하나님의 손에 의해 이끌림받는 상황이 되었다는 것을 알 수 있었다(훗날 알게 되었지만 만약에 개인병원에서 수술을 받았다면 내 생명이 단축되었을 것이다).

수술 예약을 하면 몇 달을 기다려야 했었는데 최종 입원 날짜와 수술 날짜를 긴급한 상황으로 신속히 잡아주었다. 집사님이 직접 보호자란에 사인하고 수술비 전액을 지불한다는 문서에 사인을 해주었다. 그러나 첫 수술을 받고 얼마 안 되어 수술비 지원을 약속했던 집사님은 갑자기 사업이 부도가 나서 아예 연락이 닿지 않아 수술비 지원을 받지 못했다(수술비는 정부와 교회의 보조금, 지인들의 특별헌금으로 해결함). 나는 수술을 받을 수 있는 현실이 믿어지지 않았다. 하루하루 수술할 날짜가 다가오자 약간의 떨림과 함께 그동안 누적된 수술에 대한 아픈 기억이 되살아났다. 주님께 감사하는 마음과 긴 투병생활을 통한 두려운 마음이 혼전하고 있었다.

'평생 이렇게 살다가 더 심각해지면 주저앉고 말 거야. 그런데 정말 수술을 하게 되는 것인가.'

나는 작정기도를 시작했다. 야간 수업을 마치고 돌아오면 곧장 교회에 가서 기도하고 의자에 앉아 잠을 자다가 일어나서 다시 하나님 앞에 기도했다. 내가 유일하게 붙잡을 수 있는 한 가지 희망은 하늘을 바라보는 것이었다. 넓은 하늘을 바라보면서 하나님이 나를 지켜보고 계실 것이라는 믿음을 굳건히 했다.

마음을 다잡고, 복잡한 생각을 단순하게 정리하며, 자신감을 회복하기 위해 하나님 앞에 나아갔다. 주님 앞에서 흘리는 눈물은 나의 무거운 마음을 가볍게 해주는 치료제가 되었다.

나의 기도의 초점은 나를 불쌍히 여겨달라는 것이었다. 그때나 지금이나 하나님께 불쌍히 여김을 받는다는 것은 행복하고 감사한 일이다. 하나님이 나를 사랑하고 계신다는 사실을 온몸으로 느끼게 해주서서 불안한 상황 속에서도 안정을 되찾을 수 있었다. 조금씩 수술 날짜가 눈앞에 다가오고 있었다.

새벽에 마시는 공기

　　　　　수술을 앞두고 불안한 마음을 주님께 내어 맡기며 하루의 시작을 새벽기도로 열었다.

"하나님 아버지, 오늘도 한 생명의 새벽을 열어주시니 그 은혜에 감사합니다."

이렇게 고백하며 눈을 떠서 하나님을 만나러 가는 것이 너무 좋고 마음이 설레었다. 내가 이 세상에서 의지할 수 있는 것은 하나도 없었다. 어머니도 안 계셨고, 건강도 나빴으며, 의지할 수 있는 재물도 없었다. 아무것도 없는 내게 하나님은 유일하게 신실한 친구요, 친절한 상담자요, 완전한 보호자가 되어주셨다.

나는 새벽에 일어날 때 다른 사람들보다 한 시간 정도 일찍 서둘러야 했다. 아무도 없는 캄캄한 길을 보통 사람들보다 더 오랜 시간 동안 천천히 걸었다. 캄캄한 적막 속에서 가로등 불빛에 기대어 목발을 짚고 한 발짝 한 발짝 걸을 때마다 지뢰밭을 걷는 것처럼 조심스럽게 걸어야 했다. 미끄러져서 넘어지게 되면 지뢰를 밟는 것과 비슷한 상황이 발생하기 때문이다.

하루는 수술을 앞두고 기도하러 교회에 가던 길이었다. 김포는 안개가 많이 끼는데, 그날도 안개가 자욱했다. 새벽안개가 자욱한 신선한 공기를 음미하며 길을 걷노라니 나름대로 의미 있고 좋았다. 나는 몸으로 하는 것은 무엇이든 뒤처지거나 꼴찌였다. 하지만 세상 모든 사람들이 잠을 자거나 다른 일을 하고 있을 때 먼저 일어나서 하나님을 만나러 가는 발걸음을 뗴는 순간만큼은 첫 번째 주자가 되고 싶었다.

'다른 건 다 뒤처지더라도 이것만은 양보할 수 없어. 비가 오고 눈이 와도 주님을 만나러 가는 새벽 길을 포기하지 않을 거야.'

새벽에 주님을 만나러 가는 길에는 늘 몸과 마음이 가벼웠다.

주님이 나에게 허락하신 생명의 신선한 공기! 마치 아무도 없는 원시림에서 시원한 공기를 마시는 것 같았다. 이 새벽 공기는 단순히 내가 생명을 유지하기 위해 호흡하는 공기가 아니라 주님을 만나러 가는 길에 주신 신선한 선물이었다. 특히 겨울에 찬 새벽안개가 내 몸에 들어와 콧속을 상쾌하게 해주고 피부에 닿았을 때의 느낌은 꼭 성령님이 나에게 인사하시는 것 같았다. 친밀하게 다가온 성령님은 점점 더 깊은 임재로 다가와 내 영혼을 만지고 내 마음을 만져주셨다. 나는 교회에 가서 주님을 만나 기도하며 응답받는 것 못지않게 새벽길을 걸으며 주님과 대화하는 시간을 소중히 여겼다. 그리고 그 가운데 주님이 내 마음을 세심하게 어루만져주시는 은혜의 손길을 체험했다.

'예수님도 겟세마네 동산에 올라가실 때, 제자들이 자고 있는 이른 새벽에 나오셨겠구나. 내가 자고 있을 때도 그러셨겠지?'

내가 고통을 참으며 교회로 발걸음을 옮길 때 예수님이 먼저 새벽이슬을 맞으며 마중 나와서 기다리고 계셨다. 비가 오거나 눈이 올 때 나는 우산을 쓰지 못했다. 아무리 서둘러도 피할 방법이 없어서 비나 눈이 내리면 그대로 맞으며 걸었다. 그러면 옷이 젖어서 몸살이 날 것처럼 으슬으슬하고 식은땀이 흘러내렸다. 이럴 때면 주님이 내게 먼저 말씀하신다.

'힘들지?'

어떤 때는 이렇게 말씀하신다.

'걱정하지 마라. 두려워하지 마라. 내가 너와 함께한단다. 이렇게 너의 옆에서 함께 걷고 있단다. 세상 사람들이 너를 떠나도 나는 절대로 너를 떠나지 않는단다.'

나는 깊은 절망 속을 걸을 때 주님의 음성만 붙잡았다. 그래서 하루를 여는 새벽은 인간의 언어로 표현하기 어려운 경이로운 시간이었다. 예수님이 맞이하신 새벽 미명의 느낌이 이 시대의 나에게도 고스란히 느껴졌다. 나는 나 자신을 위해 새벽을 깨우고 기도하러 가지만 주님은 나를 위해 친히 찾아와주셨다.

하루는 영하의 날씨에 장갑도 없이 목발을 짚고 걸었는데, 너무 춥고 수술한 다리가 욱신거려서 고통스러웠다. 상황이 절박하고 힘들어질수록 그리스도의 임재와 은혜는 더 크게 임했다. 상황적인 여건보다 더 강한 은혜가 임하니 앞으로 나아갈 수 있는 힘이 생겼다. 새벽 공기를 마시는 그 시간은 내 영혼과 몸을 새롭게 만들어나가는 생명의 시간이었다. 그것은 이 세상이 줄 수 없는 평안이 넘치는 기쁨의 시간이었다.

십자가의 갈증을 경험하다

새벽기도의 은혜를 누리다 보니 시간이 쏜살같이 흘러 수술이 일주일 앞으로 다가왔다. 그런데 갑자기 모든 대학병원 전공의들이 총파업에 돌입하면서 수술은 기약 없이 뒤로 미뤄졌다.

파업이 곧 종료되어 금방 수술을 받을 수 있을 것이라는 긍정적인 생각을 했지만 시간은 속절없이 흘러가고 있었다. 후원자도 생기고 수술해줄 의사도 있는데 의료계 파업으로 수술을 할 수 없다니 힘이 빠지고 지쳤다.

게다가 당시 나는 전년도 학비를 내지 못해 1년 정학을 당한 상태라 학교에 다닐 수도 없었다. 속이 타들어가고, 모든 것이 산산조각

나서 다시 맞춰야 하는 상황에서 간신히 어디서부터 시작해야 할지를 찾았는데 또다시 길을 잃어버린 느낌이었다.

반 년이 지나서야 파업이 멈추었다. 수술을 기다리는 6개월이 10년보다 더 길게 느껴졌다. 병원에 입원해서 수술하는 날까지 병원 안에 있는 교회에서 새벽예배를 드렸다. 그곳에서 매일 찬송가 412장 〈내 영혼의 그윽히 깊은 데서〉를 불렀다. 나는 이 찬송의 후렴을 정말 좋아한다.

평화 평화로다
하늘 위에서 내려오네
그 사랑의 물결이 영원토록
내 영혼을 덮으소서

두려움과 공포 속에 있다가도 이 찬송을 부르면 온몸과 마음이 하나님 품으로 들어가고 주님이 주시는 평화가 내게 임했다. 평화의 왕이신 예수님이 나의 떨리는 영혼을 사랑으로 감싸 안아주셨다. 드디어 수술 당일, 오전 7시에 수술실에 들어갔다. 그때 하나님이 말씀을 주셨다.

그러므로 너희가 이제 여러 가지 시험으로 말미암아 잠깐 근심하게 되

지 않을 수 없으나 오히려 크게 기뻐하는도다 벧전 1:6

'왜 하나님은 수술을 하는데 기뻐하라고 하실까?'
이런 의문을 갖고 기도하자 또 하나의 말씀을 응답으로 주셨다.

오라 우리가 여호와께로 돌아가자 여호와께서 우리를 찢으셨으나 도
로 낫게 하실 것이요 우리를 치셨으나 싸매어주실 것임이라 호 6:1

하나님이 내게 고통을 허락하셨지만 다시 치료해주시겠다는 뜻이
었다. 통증으로 인한 고통을 긴 시간 동안 느끼더라도 사실은 그 시
간이 잠깐이며 곧 크게 기뻐하게 될 것이라는 말씀이었다.

이것의 구체적인 뜻은 훗날 그 기쁨이 현실로 이루어졌을 때 알게
되었다. 고난 때문에 크게 기뻐할 수 있는 것은 그 속에 하나님의 영
광이 숨어 있기 때문이다.

담당 의사는 기역자로 꺾여 있어서 상태가 심각한 오른쪽 다리를
먼저 수술하겠다고 했다. 늘 그랬듯 고통스러운 수술이 될 것이라고
예상은 했지만 내가 생각했던 차원을 뛰어넘는, 지금까지 했던 모든
수술을 합친 것보다 더 힘든 수술이었다. 오전 7시에 수술실에 들어
가서 밤 11시에 병실로 돌아왔다. 피를 너무 많이 쏟아서 심장의 혈압
이 급격히 낮아졌다.

담당 의사가 간호사에게 말하는 소리가 들렸다.

"이 환자를 중환자실로 보내고 수시로 이상 없나 체크하세요."

나는 보호자가 없는 상태였다. 그래서 며칠을 간호사실 안에 머물면서 의사의 체크를 받았다.

보통 큰 수술을 할 때 400cc짜리 3-5개 정도를 수혈받는다. 그러나 나는 수술 과정에서 50개를 수혈받고 수술실을 나와서도 20여 개를 더 받아 병원 역사상 한쪽 다리를 수술하는 데 가장 많이 수혈받은 환자가 되었다. 피의 양을 계산해보면 원래 내 몸에 있던 피를 완전히 다른 피로 바꾼 셈이었다. 나는 마취 후유증으로 며칠 동안 70번 이상의 구토를 했고 마약류에 버금가는 진통제를 맞으며 버텼다. 큰 수술이라 정신을 잃었다가 되찾는 과정을 반복하면서 일주일 후에 깨어나기도 했다.

일반적으로 수술 전날에는 물도 마시지 못하고 금식에 들어간다. 수술 후에도 위가 움직일 때까지 아무것도 먹거나 마실 수 없다. 마취를 하면 모든 세포와 장기들이 움직이지 않고 멈추게 되는데 그런 상태에서 물을 마시면 위가 꼬여서 자칫 위험한 상황에 빠질 수 있기 때문이다. 나는 많은 물과 피를 흘리고 마취제를 비롯한 수많은 약물을 투여받으며 장시간 수술받았다.

16시간에 걸친 대수술을 마친 후 눈을 떠보니 내 양손은 침대에 묶여 있었고, 마취가 조금씩 풀리면서 통증이 밀려왔다. 하지만 그것보다 더 큰 문제는 목구멍이 타들어가는 듯한 고통이었다. 수술 받은 다리의 통증을 느낌과 동시에 목이 타들어가는 고통이 더해지니 정신적인 공황상태로 이어졌다.

환자 상황에 따라 다르겠지만, 나는 수술할 때 뼈가 쪼개지는 고통보다 수술 후에 찾아오는 목이 타들어가는 갈증이 더 견디기 힘들었다. 급기야 이성을 잃고 신음하면서 간호사를 불렀다. 인간의 한계에 다다른 듯했다. 이런 경우 들짐승처럼 소리를 지르며 링거 봉지를 뜯어먹는 환자도 있다고 한다. 또한 환자들이 괴로워서 자해를 하는 경우가 있기 때문에 양손을 침대에 묶어둔 것이었다.

내가 외치는 소리를 듣고 달려온 간호사에게 눈물을 흘리면서 애원했다.

"선생님, 저 죽을 것 같아요. 제발 살려주세요. 거즈로 입술 한 번만 축여주세요."

간호사는 못 들은 척하면서 나와 시선을 마주치지 않았다.

"안 됩니다. 환자를 위해서 그러는 겁니다. 조금만 참고 기다리세요. 장운동이 시작되어 가스가 나와야 해요. 특히 환자는 큰 수술을 받아서 물이 몸속에 들어가면 위험할 수도 있어요. 미안해요. 이제 대답하지 않을 겁니다."

나는 울부짖으며 매달려서 거즈로 입술만 적시기로 약속했다. 하지만 입술에 물기가 닿는 순간 며칠을 굶주린 들짐승이 먹이를 낚아

채듯 동물적인 힘으로 거즈를 빼앗아 질겅질겅 씹었다. 물에 적신 거즈를 짜먹자 폭포수가 몸속으로 들어온 것처럼 시원했다.

그렇게 열심히 짜먹은 거즈의 물 때문에 회복실에서 몇 시간 넘게 토했다. 몸속에 있던 약물들이 나오면서 그 냄새로 인해 머리가 몽롱해졌다. 3일을 계속 토하며 수술 부위의 통증과 겹치면서 일주일 가까이 먹거나 마시지 못하고 링거 주사만 맞았다.

불이 활활 타오르는 지옥에 온 것처럼 목이 타들어가는 고통을 느낄 때, 저절로 십자가에 못 박히신 예수님이 떠올랐다.

'예수님은 얼마나 더 목이 타들어가고 고통스러웠을까?'

예수님은 손과 발에 못이 박히고 옆구리를 창에 찔리면서 물과 피를 다 쏟아내셨다.

제구시에 예수께서 크게 소리 지르시되 엘리 엘리 라마 사박다니 하시니 이를 번역하면 나의 하나님, 나의 하나님 어찌하여 나를 버리셨나이까 하는 뜻이라 곁에 섰던 자 중 어떤 이들이 듣고 이르되 보라 엘리야를 부른다 하고 한 사람이 달려가서 해면에 신 포도주를 적시어 갈대에 꿰어 마시게 하고 이르되 가만 두라 엘리야가 와서 그를 내려 주나 보자 하더라 예수께서 큰 소리를 지르시고 숨지시니라 막 15:34-37

예수님의 목마름은 육신의 목마름을 넘어선 하나님 아버지와의 관계에서 오는 목마름이었을 것이다. 그리고 이 땅에 남은 제자들이 십자가의 죽음의 섭리를 깨닫기를 간절히 바라는 목마름이었을 것이다. 또한 눈에 보이지 않는 고독의 목마름을 느끼며 정신과 영혼이 타들어가는 고통을 맛보지 않으셨을까! 생명의 물을 마시지 못한 채 죽어가는 인간의 목마름을 대신해서 십자가에서 타는 듯한 목마름을 느끼지 않았을까!

내 자신감의
근거

수술 후 병원 침실에 누워 있는데, 같은 교회 여 집사님이 병문안을 왔다. 집사님은 내가 모르는 중년의 남자 분과 함께 왔는데, 그 분이 지병으로 어려움을 겪으며 좌절하고 있어서 나를 보고 용기를 내라고 같이 왔다고 했다.

당시 나는 긴 투병생활로 많이 지쳐 있었기에, 순간 다른 사람에게 구경을 당하고 있다는 생각이 들면서 마음 한쪽이 씁쓸해졌다. 그러나 또 한편으로는 나 같은 인생을 통해서 힘을 얻을 수 있다면 얼마든지 보라고 할 생각이었다.

'돈도 없고 스스로 움직일 수도 없는 내가 어떻게 하나님의 일을 할 수 있을까?'

이런 생각을 하고 있던 나는 그날 병원 침대 위에 누워 있는 상태로 하나님의 일을 할 수 있었다. 대학병원에서 수술을 마친 환자는 길어야 2주일 정도 병원에 머물다가 퇴원을 한다. 하지만 나는 중중환자로서 병실에 한 달 이상 누워 있었던 최고참이었다. 새로운 환자나 보호자들이 입원을 하면 병원생활에 익숙한 내가 그들이 하는 질문에 답해주고 모르는 부분을 설명해주었다. 환자들이 처음에는 태연한 척하지만 금식을 하거나 수술 전날이 되면 떨기 시작했다. 생존에 대한 공포와 불안을 느꼈던 것이다.

'과연 내가 살아 돌아올 수 있을까?'

그들은 평상시에는 내 말을 귀담아듣지 않다가 막상 수술 받기 직전이 되면 누워 있는 내게 다가와 이것저것 물어보면서 자신의 마음을 다스리며 안정시키려고 애썼다. 그러나 사람이 어떻게 스스로 죽음에 대한 공포를 다스릴 수 있겠는가? 인간은 생명의 소망이 되시는 예수님을 붙들어야 얽매이지 않고 자유로울 수 있다.

진리를 알지니 진리가 너희를 자유롭게 하리라 요 8:32

나는 장시간에 걸쳐 어린 시절부터 겪었던 수차례의 수술과 위기상황을 이야기해주었다. 그러면서 참진리이신 예수 그리스도를 믿게 된 후에 내 삶이 어떻게 바뀌었는지 확실한 어조로 자신감 있게 이야기했다. 그들에게 간증을 할 때 오히려 나 자신이 하나님의 은혜에 감동을 받으며, 내 생각을 이끌어가시는 성령 하나님의 인도하심을 깨닫게 되었다.

병원 사람들은 내가 자신감을 가질 수 있는 세상적 근거도 없고 환경도 열악하다는 사실을 알고 있었다. 보호자도 없고 치료비도 없는 것이 나의 현실이었다. 그러나 그리스도인의 자신감은 세상 사람들과는 다른 데서 온다. 나의 자신감의 근거는 하나님이 주시는 마음에 있었다. 하나님이 내 안에 계시고 내가 하나님 안에 있다는 굳건한 믿음 위에 세워진 자신감이었다(요 15장 참조).

병원은 돈 많은 회장부터 갓 태어난 아기까지 각계각층의 사람들이 모인 곳이다. 질병 앞에서 인간의 한계를 깨닫고 겸손해지며 인생을 배우는 장소인 것이다. 병원의 침실에 누워서 나는 뜻하지 않게 복음의 증인, 살아 계신 하나님의 증언자가 되어 두려워하는 자들에게 평안을 주시는 하나님을 증거하게 되었다. 복음을 전할 때만큼은 고통도 잊고 미래에 대한 근심도 잊은 채, 길을 잃어가는 사람들에게 생명의 길이 있다는 사실을 기쁘고 생동감 있게 전했다.

그러면 아무도 없는 병실에서 그들은 자존심을 내려놓고 조용히 내게 와서 질문을 했다.

"정말 하나님을 믿으면 치료받을 수 있어요?"

"그럼요. 저를 보세요. 수술할 때만 도와주는 게 아니라 평생 동안 계속 도와주실 거예요."

"어떻게 하면 다시 건강해질 수 있을까요?"

"선생님은 지금 상황만 모면하고 싶으신 거죠? 우리 인간의 몸은 점점 더 쇠약해지는 거예요. 육체적 건강도 중요하지만, 하나님 앞에 나가서 영혼을 치유받아야 해요. 죽은 후 또 다른 세계가 있다고 생각해보세요. 내가 지금 어떻게 해야 할지 알 수 있을 거예요. 이런 기회는 자주 오는 게 아닙니다. 지금 예수님을 믿는다고 해서 손해 봅니까? 수술실 들어갈 때 혼자 가지 마세요. 하나님께 마음속으로 도와달라고 기도하세요. 그러면 도와주실 거예요."

"알겠어요."

"그럼, 손가락 걸고 약속할 수 있어요?"

"네, 약속할게요."

중년 신사의 얼굴빛이 금세 밝아졌다. 나는 그들의 아픈 부위와 마음에 손을 얹은 후 주님이 수술실에서 육신의 질병을 치료해주시고 수술실에 나올 때 그들의 영혼이 예수님을 만나 영혼의 병도 치료받게 해달라고 기도해주었다.

하나님을 믿는 사람들은 약해질수록 겉사람이 죽고 속사람이 더욱 강건해진다. 우리가 가장 무능력할 때 하나님이 가장 왕성하게 일하신다는 사실을 잊어서는 안 된다.

이것이 내게서 떠나가게 하기 위하여 내가 세 번 주께 간구하였더니 나에게 이르시기를 내 은혜가 네게 족하도다 이는 내 능력이 약한 데서 온전하여짐이라 하신지라 그러므로 도리어 크게 기뻐함으로 나의 여러 약한 것들에 대하여 자랑하리니 이는 그리스도의 능력이 내게 머물게 하려 함이라 고후 12:8,9

생각지도 못한 친구의 방문

16시간이 넘는 긴 수술을 받고 병원생활을 마친 후 집으로 왔다. 환자복을 벗고 일상복을 입는 게 이다지도 감격적이고 감사한 일인 줄 몰랐다.

나는 다시 혼자가 되었다. 병원에서 의사가 아무리 수술을 잘해주어도 재활치료는 철저하게 혼자 알아서 해야 했다. 자기와의 싸움이기 때문에 인내의 강도를 체크받는 기간이 되었다. 날이 저물어 저녁이 되거나 통증이 심할수록 사람에 대한 그리움도 함께 몰려왔다. 시간이 지나도 수술 부위가 좋아지는 것 같지도 않고 더 불안했다.

'하나님, 굳어가는 관절을 하나님이 부드럽게 만들어주셔야 합니다. 하나님이 도와주시지 않으면 영영 굳어버리고 맙니다.'

자신감이 떨어질수록 이 모든 과정을 하나님께 맡겼다. 나에게는 하나님밖에 없었기 때문이다.

어느 날 생각지도 않은 사람에게서 전화가 왔다. 야간 학교에서 같이 공부하던 전도사님이 우리 집에 병문안을 온다는 것이었다. 나이가 같아서 가끔 대화를 나눴어도 함께하는 시간이 많지는 않아서 그렇게 친한 사이는 아니었다.

"어떻게 알고 이런 변두리까지 찾아왔어요?"

"학교에서 소식을 들었어요. 고생이 많네요. 수술은 잘 됐나요?"

"모르겠어요. 지나봐야 알 것 같아요. 이전보다 좋아지길 바랄 뿐이에요."

"좋아질 거예요. 힘내세요. 그리고 이것 받아주세요."

"이게 뭐예요?"

"선물입니다. 우리 교회 청년부 학생들과 함께 의논하고 기도하면서 결정한 거예요. 일 년 동안 모은 헌금인데 하나님이 이곳으로 흘려보내도록 인도해주셨어요."

그 봉투 안에는 97만 3,750원이 들어 있었다. 그가 건네준 헌금을 받기는 했지만 나는 이것을 어떻게 해석해야 할지 몰랐다. 병문안을 올 것이라고 기대했던 사람들이 오지 않아서 실망하고 있었는데 단 한 번도 생각지 못했던 학우가 찾아온 것이다. 나는 다시 마음의 고개를 들어 하나님을 바라보았다. 하나님이 나를 생각하사 사람들을 보내서 위로해주고 계심을 느낄 수 있었다.

'하나님! 감사합니다. 이 보잘것없는 사람을 포기하지 않으시고 끝까지 사랑해주시니 감사합니다.'

한 걸음 전진할 수도 없고, 뒷걸음질을 칠 수도 없는 상황이었지만 하나님이 내 마음을 움직여주고 계셨다. 내일은 오늘보다 더 좋아질 수 있을 것이라는 희망으로 낙심하지 않고 위를 바라볼 수 있는 마음의 문을 활짝 열어주고 계셨다.

그 헌금을 받고 나니 마음이 벅차올라서 꿈을 꾸는 것 같았다. 마음이 어려울 때마다 느껴지던 하나님의 도우심의 손길이 이번에도 강하게 느껴졌다.

다시 만난
아버지

　　　　　　　　퇴원해서 집에 돌아왔을 때였다. 하루는
전화벨이 울려서 받아보니 집을 나가신 아버지 이름을 대면서 아들이
맞느냐는 음성이 들렸다.

"아버지가 사고로 응급실에 실려왔으니, 빨리 병원으로 와주세요."

나는 오랜만에 듣는 아버지의 소식에 어찌할 바를 몰라 형과 누나
에게 연락을 했다. 그러나 형과 누나의 마음은 이미 아버지에게서 완
전히 떠난 상태였다. 물론 나도 아버지에게 받은 상처가 많아 원망하
고 미워하는 마음이 있었다.

가정을 버리고 떠난 지 20여 년 후에 사고를 당해 위독하다는 아버
지를 만나러 가는 기분은 이상했다. 마치 낯선 남자를 만나러 가는
기분이었다. 나 역시 가야 할지 말아야 할지 많이 망설였지만 내 마음

과 발걸음을 움직이게 한 원동력은 다름 아닌 하나님의 음성이었다.

내가 종이 한 장 차이로 죽음과 생명의 문턱을 넘나들고 있을 때 예수님의 보혈의 은혜와 교회 성도들의 손길을 통해 받은 사랑의 섬김 덕분에 간신히 생명을 이어갈 수 있었던 것이 떠올랐다. 하나님이 나에게 이렇게 말씀하시는 것 같았다.

'너도 단지 은혜로 살고, 은혜로 치료받고 있지 않느냐?'

나는 하나님의 음성을 듣고 부끄러워서 고개를 숙인 채 아무 말도 하지 못했다. 다만 조심스럽게 발걸음을 아버지가 계신 병원으로 향했다. 아버지는 치아가 부러졌고, 턱뼈와 다리뼈가 골절된 상태였다. '이렇게 돌아가실 수도 있겠구나'라고 생각하니 측은한 마음이 들었다. 며칠 동안 응급 치료를 마친 후에 나는 병원비를 지불하고 아버지를 집으로 모셔왔다. 서로 힘든 상태였지만 나는 휠체어를 타고서 아버지를 위해 밥을 지어드렸다. 그리고 옷 한 벌도 없이 들어오신 아버지를 위해 무리해서 카드 할부로 옷을 사드렸다.

꾸준한 치료를 통해 아버지의 상했던 몸이 하루하루 호전되면서 조금씩 거동을 할 수 있는 상태가 되었다. 나는 다친 몸이 회복되시면 예수님을 소개해드려야겠다는 생각이 들었다. 아무리 다른 사람에게 잘해주며 복음을 전한다고 해도 가족에게 예수님을 전하지 못한다면 마음이 무거울 것 같았다. 가장 가까운 가족이나 친구에게 복음을 전하는 것은 힘든 일이지만, 그만큼 값진 일이다.

나는 아버지에게 마음을 다해 예수 그리스도에 대해 전했다. 그렇지만 아버지의 마음은 다른 곳에 가 있어서 복음을 받아들이지 않았다. 아버지는 돈을 벌기 위해 일할 곳을 찾아다니셨다.

건강도 점점 좋아지고 부자간의 관계도 좋아질 때쯤, 아버지의 안 좋은 버릇이 나오기 시작했다. 없으면 안 먹고 안 쓰면 되는데 이웃사람들에게 내 이름으로 돈을 빌렸다. 더 큰 문제는 빌린 돈을 갚지 않는다는 점이었다. 평생 어머니에게 하던 행동을 나에게 다시 하기 시작했다. 그동안 관계 회복을 위해 노력했던 것들이 물거품이 되는 순간이었다. 나와 아버지는 과거의 좋지 않은 감정이 뒤섞인 상태로 대화를 하면서 관계가 더 악화되었다.

'우리는 왜 이럴까? 꼭 이렇게밖에 살 수 없는가?'

성경에서 말하는 인간의 한계를 뼈저리게 느끼는 순간이었다. 아무리 가까운 혈육이라도 복음 안에서 하나가 되지 않으니 점점 멀어질 뿐이었다.

'아버지는 곧 수술할 날짜가 다가와서 떨리는 내 마음을 알고 계실까? 오랜 투병생활을 하면서 다시 수술을 받고 있는 내 상황을 알고 계실까?'

혼자 모든 것을 감당하려니 착잡한 마음이 들어서 긴 한숨을 내쉬었다. 나와 아버지는 서로에 대해 이해하기보다 각자 마음이 나뉘어져 관계가 멀어지고 있었다. 주님의 마음으로 가까이 다가가자니 내가 너무 힘들었다. 그렇다고 부자간의 관계를 끊자니 신앙인으로서 마음이 불편했다. 내 힘과 노력으로 이룰 수 있는 것이 아무것도 없었다. 병든 몸을 치료받을 때가 차라리 편했다는 생각이 들 정도였다.

나는 무책임한 남자의 모습이 참 싫다. 가장이 아내를 고생시키거나 자신의 체면만 생각하면서 집안을 돌보지 않으면 진정한 남자가 아니라고 본다. 아무리 천하고 힘든 일을 하더라도 가족을 책임지는 모습을 보고 싶다. 그래서 늘 내 자신에게 자문(自問)하곤 한다.

"나는 책임 있는 그리스도인, 책임 있는 가장으로 살고 있는가?"

이 물음에 긍정적인 대답을 하기 위해서 늘 예수님을 바라볼 수밖에 없다. 예수님은 말씀하신 대로 책임감 있게 사셨고, 언제나 동일한 모습으로 하나님 아버지께 순종하셨으며, 가시는 곳마다 죽음의 현장에 생명의 역사를 일으켜 새로운 세상을 만들어가셨다. 그래서 더욱 믿고 따를 수 있는 분이시다.

아무리 좋은 교육을 받게 하고 훌륭한 말을 한다고 해도 행동이 받쳐주지 않으면 오랫동안 기억에 남지는 않는다. 하지만 살아 있는 무언의 행동이 사람을 변화시키고 세상을 바꾼다. 나는 늘 아버지의 책임감 있는 모습을 보고 싶었다. 내 기대에 부응하지 못하는 아버지가 부끄러웠다. 가난하고 학식이 짧아서가 아니라, 다른 사람과 약속했던 말을 가볍게 여기고 지키지 않는 모습이 실망스러웠다.

지혜롭고 똑똑하며 믿음까지 좋아 보이는 사람을 만나는 것은 어렵지 않다. 하지만 정작 믿음으로 행동해야 할 때 용기 있게 행동하는 사람을 만나는 것은 어려운 시대가 되었다.

주님은 나에게 이렇게 말씀하셨다.

'소신 있게 행동으로 보여주며 살아라! 누가 뭐라고 해도 너는 너다. 너만 잘하면 된다.'

그래서 나는 힘들고 어려워서 피하고 싶은 길을 만날지라도 순종하며 따라가려고 노력한다. 주님을 따라가다 보면 이미 필요한 것이 절반은 예비되어 있음을 보게 된다. 내가 남들보다 속도도 느리고 위태로운 모습을 갖고 있을지라도 일을 완성해나가시는 분은 주님이기에 끝이 아름다울 것을 믿는다.

기적이
일어나다

2002년 월드컵의 열기가 온 나라를 뒤덮었을 때 나는 세 번째 수술을 기다리고 있었다. 이번에는 왼쪽 발목부터 종아리 전부를 수술받아야 했다. 종아리뼈가 휘어지면서 튀어나오고 있었다. 그대로 두면 나중에 언제 쓰러질지 모르기 때문에 수술을 통해 미리 막아야 했다.

1년 전에 받은 첫 번째 수술을 통해 쇼크를 받았던 터라 두 번째 수술을 기다리는 시간은 하루하루가 공포였다. 생각하지 않으려고 노력해도 수술 날짜가 다가올수록 극심한 공포와 사투를 벌여야 했다. 잠을 자면서도 마음속으로 하나님께 기도를 했다.

'하나님 아버지, 저의 마음에 평안을 주세요. 이제 더는 수술을 받고 싶지 않아요.'

수술할 때는 혈액 검사, 심전도 검사 등을 통해 해당 환자의 데이터에 맞게 마취약을 투여하는데 잘못하면 영원히 깨어나지 못하기도 한다. 데이터에 근거해서 진행하지만 현실이 늘 데이터처럼 이루어지는 것은 아니기 때문이다. 게다가 나는 혈압도 있고 어릴 때부터 숱하게 많은 마취를 했기 때문에 더욱 위험했다. 수술 날짜가 다가오자 나를 위해 기도해주시고 그리스도 안에서 유익한 교제를 나누던 집사님께 전화를 했다.

"집사님, 저 수술 받으러 병원에 가야 하는데 데려다줄 사람이 없어요. 저 좀 데려다 주실 수 있으세요?"

그런데 막상 병원의 정문 앞에 서니 도저히 들어갈 용기가 나지 않았다. 계속 머뭇거리며 망설였다.

"잠깐만요, 잠시 서 있다가 들어갈게요."

이전에 16시간 동안 받았던 수술의 고통이 다시 떠올랐다. 두려워서 공포 가운데 떨고 있는 내 영혼에게 주님의 나지막한 음성이 들렸다.

'너는 내가 너를 고칠 것이라는 음성을 듣고도 그렇게 두려워하며 떨고 있구나. 내가 십자가에 달려 고통을 당한 것은 너를 위해서란다.'

'하나님, 저를 인도해주세요.'

주님의 음성을 듣고 다시금 마음을 가라앉힌 뒤 집사님과 헤어져 혼자 병원으로 들어갔다. 보호자는 언제 오느냐고 물어봐서 보호자 이름을 가짜로 썼다.

'이럴 때 누구 한 명이라도 함께 있다면 얼마나 좋을까?'

마침내 수술이 시작되었다. 옷을 벗고 수술대 위에 눕자, 심장 밑에 있는 몸에서 가장 큰 혈관을 찾아 부분 마취를 한 후 굵고 큰 주삿바늘을 심장혈관에 꽂았다. 피를 심장에 직접 집어넣기 위해서였다. 워낙 큰 수술이었다. 수술 도구를 보기만 해도 겁에 질릴 정도였다. 수술받을 다리를 걸어두기 위해 설치된 큰 바이스와 쇠사슬을 비롯하여, 망치, 톱 등 무시무시한 것들이 걸려 있었다. 벽에는 수술받을 내 다리 사진 두 장이 걸려 있었다. 수술실에 있는 의료진들은 푸른 가운과 모자를 착용해서 두 눈만 보였다.

내가 누워 있는 수술대는 일반 병실에 있는 침대가 아니라 다리와 팔을 뻗고 누우면 더 움직일 공간도 없는 철침대였다. 수술 전날 온몸의 털을 다 깎고 나니 나는 그저 한 마리의 연약한 짐승이나 다름없었다. 몸에 수술용 소독약을 몇 번이나 발랐는지 후끈거리다 못해 뜨거웠다. 도살장에 끌려가서 털이 깎이고 뼈가 잘리는 동물이 생각났다. 내가 그런 상황이라고 생각하니 공황상태가 되었다. 실제로 온전한 다리를 갖고 있는 환자들은 공포 때문에 수술실 복도에서 도망가기도 한다.

내 이름이 써 있는 각종 약물들과 큰 마취 주사기가 보였다. 내가 독일 수용소에 갇힌 유대인이 되고 그 마취제는 히틀러가 주는 것처럼 여겨져 공포가 엄습해왔다. 안정제가 먼저 투입되어 링거줄을 타고 내려오자 혀가 꼬부라들어 천장에 붙고 침이 말랐다. 몸이 바들바들 떨렸다. '삐삐삐' 호흡기 움직이는 소리는 내 정신을 더욱 혼미하게 했다. 절로 똥오줌이 나올 것 같았다.

그렇게 누워 있는데 갑자기 수술실이 시편 23편의 배경처럼 푸른 초장이 되었다. 나는 환상을 기대하거나 선호하지 않는 편이다. 정확해야 하고 끝까지 확인해야 하는 성향이다. 그런데 그날은 신비했다. 푸른 초장이 3D 영화처럼 수술실에 펼쳐졌다. 극심한 공포 속에서 초자연적인 성령의 임재로 수술실이 아니라 영혼의 눈으로만 볼 수 있는 푸른 초장을 보게 된 것이다.

> 여호와는 나의 목자시니 내게 부족함이 없으리로다 그가 나를 푸른 풀밭에 누이시며 쉴 만한 물 가로 인도하시는도다 내 영혼을 소생시키시고 자기 이름을 위하여 의의 길로 인도하시는도다 내가 사망의 음침한 골짜기로 다닐지라도 해를 두려워하지 않을 것은 주께서 나와 함께 하심이라 주의 지팡이와 막대기가 나를 안위하시나이다 시 23:1-4

나는 마취약에 취해 잠이 들었고 곧 수술이 시작되었다. 그런데 10시간이 지나도 끝나지 않는 수술 때문에 도중에 마취가 깼다. 그래서 얼른 다시 마취를 시켰다고 한다. 수술 후 어느 의사가 나에게 이렇게 말했다.

"시편 23편을 모두 외우던데요."

수술 후 완전히 벌거벗은 채로 일주일을 있었다. 같은 반 학우 전도사들이 병문안을 왔는데 내 병상 침대 주위를 빙 둘러서 기도를 해 주었다. 나는 찬송을 함께 부르자고 제안했다. 찬송을 불러야 살 것 같았기 때문이다. 간호사가 너무 크게 부르면 안 된다고 주의를 줬지만 다른 병동까지 들릴 정도로 크게 불렀다. 그 결과 찬송을 4절까지 부르다가 나는 정신을 잃고 말았다. 그러고는 며칠 후에 다시 깨어났다. 너무 고통스러워 처절하게 울면서 주님께 물었다.

'예수님도 십자가에 못 박히실 때 이렇게 아프셨습니까?'

투정 섞인 내 질문에 주님은 침묵으로 대답을 대신하셨다.

수술하고 병원 침대 위에 누워 있다가 퇴원해서도 여전히 집에 누워서 생활하던 1,2년의 시간은 10년보다 길게 느껴졌다. 재활치료를 받고 무너진 마음을 다시 추스르는 데도 몇 년이 걸렸다. 그리고 수술한 상처가 다 아물지도 않은 상태에서 다시 수술대 위에 누워 있기를 반복했다.

이 고통은 죽어야만 끝날 것 같았다. 살아야겠다고 마음을 다잡은 지 얼마 지나지 않아서 반복적으로 다시 죽고 싶다는 마음이 들었다. 차라리 죽을병에 걸리는 게 낫겠다는 생각도 했다. 이 세상에서 가장 저주받은 인생이란 죽지도 않고 수술만 받는 인생이라고 생각했다. 그런 와중에 나에게 쏟아지는 사람들의 시선은 더욱 힘들었다.

'하나님을 믿는 사람이, 그것도 전도사가 왜 저런 병으로 고생을 하지?'

나는 이것이 '하나님이 있긴 한 거야?'라는 말로 들렸다.

나는 살아 계신 하나님을 만난 이후 줄곧 그분의 보호하심 아래 있었는데 나로 인해 하나님의 이름이 땅에 떨어질까 봐 그것이 더 염려되었다.

하나님의 선물

수술을 받는 중에도 나는 매일 집 근처의 개척 교회에서 잠을 자면서 새벽기도를 했다. 교회 안의 장의자에서 자면서 주님의 위로를 받았다. 빠른 회복을 위해서는 따뜻한 곳에서 누워 있어야 하는데 교회의 장의자는 딱딱하고 차가워서 굉장히 아팠다. 하지만 새벽기도가 끝나 성도들이 돌아가고 목사님까지 다 가시고 난 후에 혼자 남아서 기도하는 시간이 더 소중했다.

한번은 기도하다가 앉아 있던 장의자를 잡고 일어서봐야겠다는 생각이 들었다. 목발을 잡으려다가 목발도 잡지 않고 서보았다. 그랬더니 몸이 후두두 떨렸다. 얼른 의자에 앉았다. 다음 날 새벽, 그다음 날 새벽에도 장의자를 잡고 서는 행위를 반복했다. 그랬더니 어느 순간 똑바로 설 수 있게 되었다. 기쁜 마음에 손을 놓았는데 놀랍게도 넘어지지 않았다. 꿈인지 생시인지 모를 정도로 기뻤다.

'이게 사실인가? 이런 일이 내게도 일어날 수 있다는 말인가?'

내가 직접 눈으로 보면서도 믿기지 않았다.

"와, 나도 설 수 있다!"

다시 한 번 서봤다. 그리고 다음 날 또 섰다. 나는 용기를 얻어 그날 장의자 등받이 위를 잡고 다리를 천천히 한 발자국 한 발자국 움직이며 조금씩 걸어보았다. 이런 식으로 해서 다음 날, 그다음 날도 계속 몸을 움직였다. 못 걷게 된 이가 일어서서 뛰며 걷는 기적이 나에게도 일어난 것이다.

나는 걷기도 하고 뛰기도 하며 하나님을 찬양했다. 걷고 뛸 수 있다는 자체가 정말 감사했다. 그렇지만 더 감사한 것은 하나님이 살아 계셔서 내 인생을 주관하고 계신다는 사실이었다. 걷는 표적보다 걷게 해주신 살아 계신 하나님을 생생히 만났다는 기쁨의 눈물이 넘쳐흘렀다.

내가 그토록 간절히 기도했고 교회에서도 많은 중보기도를 해주었지만 믿음 반 불신 반이었다. 내가 일어날 수 있다는 완전한 믿음을 가지고 수술한 것은 아니었다. 허벅지 다리가 기역자처럼 휘어져가고 대퇴골을 받치고 있었던 스틸이 부러진 상태였기 때문에 다리를 펴고자 수술에 임한 것인데, 하나님은 그것을 걷는 기적으로 연결시켜주셨다.

선교지로
나가기로
결정하다

나는 앉은뱅이였던 나를 일으켜 세우시고
걷게 해주신 하나님께 무엇으로 보답해야 할지 고민하기 시작했다.
새벽에도 기도하고 낮에도 기도하며 밤에도 그 은혜를 어떻게 갚아야
하는지 하나님께 여쭤보았다. 아무리 생각해도 드릴 것이 없었다. 내
가 소유한 것들이 너무 보잘것없다고 생각했기 때문이다. 건강이나
재물, 재능 등 무엇 하나 자신 있는 게 없었다. 그러던 어느 날 기도
하는 중에 말씀 한 구절이 마음에 깊은 감동으로 다가왔다.

너희 몸을 하나님이 기뻐하시는 거룩한 산 제물로 드리라 이는 너희가
드릴 영적 예배니라 롬 12:1

내 몸을 거룩한 산 제물로 드려야겠다는 생각이 드는 순간 왈칵 눈물이 쏟아졌다. 하나님 앞에 건강하지 못한 병든 몸을 드려야 한다는 것이 너무 죄송스럽게 여겨졌다. 그렇지만 마음을 추스르고 다시 생각해보니 하나님이 나를 일으켜 세워주셨으니 연약하고 부족할지라도 이 몸을 산 제물로 하나님께 드리는 게 당연하다는 생각이 들었다.

'그래! 비록 온전한 몸이 아닐지라도 내 생명을 하나님께 드려야겠다. 이런 몸을 드려서 너무 죄송하지만 그래도 나를 일으켜 세워주신 살아 계신 하나님께 내 인생에서 가장 건강한 지금의 몸을 드리자!'

나는 평생 지금처럼 건강하게 걸어다닐 수 있을 것이라고 자부할 수 없었다. 그래서 가장 건강하다고 생각되는 이때, 나를 일으켜 세워주신 이 자리에서부터 하나님께 헌신하기로 결심했다. 나는 하나님께 내 생명을 드리기로 마음먹고, 휴학계를 낸 후 1년 자비량 선교를 준비하기 시작했다.

그때 당시 세계적으로 사스(SARS, 중증급성호흡기증후군으로 치사율이 높음)가 대유행하면서 지구촌이 공포로 뒤덮였다. 나는 몇 나라에 지원서를 냈지만 장애인이라는 이유로 모두 거절당했다. 낙심되었지만 포기하지 않고 계속 지원서를 제출했다. 그러던 중에 사스가 창궐해서 기존에 있던 선교사들이 나오는 나라에서 내가 들어와도 좋다는 통지서를 보내왔다. 사스로 인해 내게 선교의 문이 열린 것이다. 그때부터 나는 남들이 가기 싫어하는 곳, 찾지 않는 열악한 곳으로 가겠다는 마음을 먹게 되었다.

선교는 내가 자의적으로 결정한 게 아니었다. 누군가에게 사로잡혀서 그 손에 이끌려가는 느낌이었다.

긴 투병생활과 여러 차례 큰 수술을 겪었기 때문에 몸을 조심스럽게 움직이고 아껴야 하는 상황이었다. 우리나라에서도 끊임없이 건강을 관리해야 하지만 해외에 나갔다가 건강에 문제가 생겨서 쓰러지면 더 큰일이었다. 온전하지 않은 몸으로 선교하러 갔다가 오히려 폐를 끼치는 건 아닌지 걱정이 됐다. '은혜가 안 된다, 하나님의 영광을 가렸다'라는 걱정 섞인 말들이 귓가에 윙윙거렸다. 사람들이 걱정하자 내 안에서도 이런 갈등이 일었다.

나의 섣부른 행동으로 인해 하나님의 영광을 가리면 안 된다는 생각이 들었지만 나는 그것을 뚫고 나갔다. 왜냐하면 그것이 하나님이 내게 주신 마음이었고, 나 또한 하나님께 드린 첫 마음이었기 때문이다.

주님께 순종하며 나아가다가 쓰러지는 한이 있더라도 여기까지 인도해주신 에벤에셀 하나님께 내 자신을 언약의 돌비석으로 세워서 바치고 싶었다. 다시 쓰러지면 고통스럽겠지만 그 마음도 맡겨드리기로 했다. 나를 선교지로 보내서 사용해주시면 가고, 그렇지 못하더라도 주님이 주신 마음에 순종한 상은 주실 것이라고 생각했다. 병원 침상에 누워서 주님께 고백했던 말을 되새겨보았다.

'하나님, 살려만 주신다면 남은 인생을 주님을 위해서 살겠습니다.'

사선에서 고백한 그 마음을 삶으로 증명하기 위해 선교지로 첫발자국을 옮겼다. 나는 주님께 영광을 돌리고 싶었다. 내가 똑바로 걷지 못하는 몸을 갖고 있을지라도 언제나 마음만은 올바르고 완전한 상태로 주님께 드리길 원하는 마음은 여전히 변함없다. 모든 것을 다 잃고 빼앗겨도 평생 주님께 내 순결한 마음을 드리며 헌신하는 삶을 살길 소망한다.

썩어가는 뼈들이 살아나다

한 대학병원에서 15년이 넘도록 계속 수술을 받는 동안 내 병원 차트는 두꺼운 백과사전이 되어버렸다. 대수술을 마치고 수술실에서 병실로 돌아올 때면 나에 대해 소문을 들은 의사들이 구경하러 오곤 했다. 무엇보다 내가 회복되어 걷는 모습을 본 주치의 선생님의 모습을 잊을 수가 없다. 걸어다니는 내 모습을 보면서 얼마나 자랑스러운 표정으로 나를 반겨주셨는지 모른다.

"다리로 땅을 밟는 느낌이 어때요? 괜찮아요?"

"예, 세상에 태어나 처음 걷는 아기가 된 느낌입니다."

"가장 중요한 것은 넘어지면 안 된다는 거예요! 항상 명심하고 조심하셔야 해요."

힘들고 어려운 수술을 해준 담당 의사가 근엄한 표정으로 주의할 것을 거듭 강조했다.

"환자분은 다른 사람들과 뼈 구조가 다르기 때문에 넘어지면 큰일 납니다."

"네, 조심하겠습니다."

하지만 나는 이미 주님을 위해 거친 길을 걸어가기로 결심했다. 하나님께 받은 은혜를 외면할 수 없었다. 수술 후 두 발로 일어서서 땅에 첫발을 내딛는 첫날은 나를 괴롭게 했던 고통과 슬픔의 세월들을 보상받는 새날이 되었다. 하나님은 긴 세월 동안 쌓인 나의 상처와 아픔들을 한 번의 치료로 회복시켜 주셨다.

'하나님 아버지, 제 인생의 가장 큰 보상은 하나님 자체이십니다. 살아 계신 하나님을 친히 제게 보여주시니 감사합니다. 이런 기적을 체험하게 해주시니 감사합니다.'

하나님은 내가 죽음 속에서 허우적거릴 때마다 유일하게 손을 내밀어주신 나의 친구, 나를 건져주신 생명의 주인이시다. 내가 아무리 헌신한다고 해도 나의 죄를 씻겨주시고 날마다 새 옷을 입혀주시는 그 은혜에 내가 무엇으로 보답할 수 있겠는가.

이 기쁨과 감격은 단지 육체의 질병을 고쳐주신 기적에서 온 것이 아니었다. 살아 계신 참생명의 의사, 영혼의 치유자이신 하나님의 임재로부터 온 것이었다.

나의 기쁨은 모든 것을 새 생명으로 빚어내시는 하늘 아버지로부터 온 치유의 선물로 인한 것임을 표현하고 싶은데, 내가 알고 있는 이 땅의 언어를 사용하여 아무리 표현하려고 해도 그 은혜를 표현하기에는 턱없이 부족할 것 같다.

나는 하나님의 피조물에 불과하기에 창조주이신 하나님을 내가 묘사하며 그림으로 보여줄 수는 없다. 다만 값없이 주시는 사랑의 하나님을 고백할 뿐이다. 병원 의사도 포기하고 세상도 포기한 나를 하나님이 붙들어주셨다.

낭떠러지에 있는 나뭇가지에 매달린 벌레보다 힘이 없는 존재인 것처럼 몸과 마음이 가장 약해져 있을 때 나를 쓰다듬어주시며 매번 그 상황에 맞게 힘을 주는 말씀으로 미래를 약속해주셨다. 가끔은 흔들리는 내 마음 가운데 굳건한 믿음을 십자가의 못으로 고정시켜주셨다.

사실 내 뼈 나이는 병으로 인해 백세 나이의 노인의 뼈처럼 약하고 휘어져 있다. 그렇지만 에스겔 골짜기의 마른 뼈에 살을 입히시고 가죽을 덮으시고 생기의 영을 불어넣으신 하나님이 임하심으로 내 뼈 나이는 가늠할 수 없는 생명력으로 꽉 차 있다고 말할 수 있다.

주 여호와께서 이 뼈들에게 이같이 말씀하시기를 내가 생기를 너희에게 들어가게 하리니 너희가 살아나리라 너희 위에 힘줄을 두고 살을 입히고 가죽으로 덮고 너희 속에 생기를 넣으리니 너희가 살아나리라 또 내가 여호와인 줄 너희가 알리라 하셨다 하라 이에 내가 명령을 따라 대언하니 대언할 때에 소리가 나고 움직이며 이 뼈, 저 뼈가 들어맞아 뼈들이 서로 연결되더라 겔 37:5-7

믿음으로 고백하건대, 나도 이제 하나님의 말씀으로 영원히 썩어지지 않는 생명의 골수와 뼈를 소유한 군대처럼 생기 있는 육신을 갖고 살게 되었다. 마치 아버지가 전쟁에 출전하는 아들에게 전신갑주를 하나하나 입혀주시는 것 같았다. 다리의 통증을 하루도 거르지 않고 느꼈다. 그렇지만 통증이 있을 때, 그것이 나만 알아들을 수 있는 하나님 사랑의 음성으로 들렸다.

이 아픔은 질병 자체가 주는 게 아니라 하나님이 내게 허락하신 것이다. 나를 부르고 계신 주님의 손짓, 나에게 사인을 주고 계시는 주님의 뜻이다. 평생 짊어지고 온 질병의 아픔도 하나님의 사랑의 품에 거하는 순간 기쁨과 감사, 더 나아가 영광스런 도구가 되었다.

예배당에서 본
십자가
예수님

두 차례의 대수술을 받고 걷게 된 이후 나는 청년부 전도사로 섬겨달라는 제의를 받게 되었다. 정식으로 이력서를 제출해서 결정된 것이 아니라 3년 동안 대수술을 하고 교회 성도들의 중보기도를 받으며 걷기 시작하는 모습을 보고 자연스럽게 전도사로 세우자는 말이 나오게 된 것이다. 처음으로 교육전도사로서 교회에 가려니 떨렸다.

사실 나는 신학교에 다니면서 한 번도 교회에 이력서를 넣어본 적이 없다. 다른 학생들은 교회에서 전도사로 사역하면서 사례비를 받으며 섬길 수 있었다. 나도 사역하고 싶은 마음은 간절했지만 좀처럼 기회가 주어지지 않았다. 세상만큼이나 교회도 장애인이 일할 수 있는 기회가 적었다. 같은 교회 안에서 후배는 전도사로 사역하고 나는 선생님으로 봉사한 적도 있었다.

전도사가 된 나는 담임목사님이 나오지 않는 월요일 새벽기도를 인도하게 되었다. 어느 월요일 새벽에 교회에 갔는데 성도들이 한 명도 나오지 않았다. 다른 날에 비해 상대적으로 월요일은 성도들 수가 적긴 했지만 아무도 나오지 않는 날은 드물었다.

'오늘은 그냥 혼자 기도하고 학교에 가야겠다.'

개인 기도를 해야겠다고 생각했는데, 이상하게 내 발걸음은 강대상으로 향했다.

'준비한 말씀을 들을 사람이 있으나 없으나 선포하라는 뜻인가 보다.'

강대상에 올라가 말씀을 전하려고 고개를 드는 순간 나는 깜짝 놀랐다. 어두컴컴한 성전 벽에 예수님이 십자가에 못 박힌 모습으로 계셨기 때문이다. 순간적으로 무섭고 두려운 마음이 들어서 사탄이면 예수님의 이름으로 물러가라고 선포했지만 그 환상은 사라지지 않았다. 십자가에 달리신 예수님의 모습은 계속 나를 향하고 있었다. 그때 나는 다시 한 번 깨달았다.

'아무도 오지 않은 이 시간에도 예수님은 늘 계시는구나! 교회의 머리는 예수님이시구나! 진정 교회의 주인은 사람이 아니구나!'

그는 몸인 교회의 머리시라 그가 근본이시요 죽은 자들 가운데서 먼저

나신 이시니 이는 친히 만물의 으뜸이 되려 하심이요 아버지께서는 모든 충만으로 예수 안에 거하게 하시고 그의 십자가의 피로 화평을 이루사 만물 곧 땅에 있는 것들이나 하늘에 있는 것들이 그로 말미암아 자기와 화목하게 되기를 기뻐하심이라 골 1:18-20

그날 예수님의 십자가를 만난 후 나는 교회가 단순한 건물이 아님을 확실히 알게 되었다. 동시에 두려운 마음도 생겼다. 설교를 듣는 사람이 많든 적든 성도 수에 상관없이 주님이 친히 설교자를 바라보며 주목하고 계심을 알게 되었다.

예수님의 가장 큰 능력은 십자가이다. 말씀으로 가르치시고, 이적과 표적을 행하시며 선포한 하나님나라에 대한 절정이 십자가에서 완성되었다. 주님은 아무것도 걸치지 않고 마치 무능력한 자처럼 십자가에 못 박혀서 돌아가셨지만 사실은 가장 큰 능력으로 온 세상 만물을 완전한 사랑으로 덮어 하나가 되게 하셨다. 오늘도 예수님은 십자가에 달리신 모습으로 이 땅의 각 사람을 보고 계신다. 그리고 우리 한 사람, 한 사람을 보며 이렇게 말씀하고 계신다.

'아들아, 너도 세상 사람들이 쳐놓은 거짓과 오해, 명예욕과 자존심, 질병과 재물의 올무에 걸리거든 그대로 십자가에 달려 있거라. 참을 수 없는 고통과 아픔, 수치를 느끼게 되고, 사람들이 거기에서 내려오라고 해도 절대로 내려와서는 안 된다! 가장 비참하고 연약한 모습, 아프고 무능력한 그 모습이야말로 가장 위대한 승리의 모습이다. 사람들이 십자가에 달린 너를 지켜보는 그 자체가 네 안에 있는 내가 드러나는 은혜의 시간이 될 것이다.'

나의 비참함은 그리스도 되신 예수님의 십자가에서 해석될 문제이다. 그러므로 사람들의 시선에 요동할 필요가 없다. 예수님이 십자가에서 나를 지켜보고 계신다. 예수님은 십자가에서 아무것도 할 수 없는 어린아이 같은 모습이었지만 세상을 화평케 만든 유일한 방법을 실천하며, 가장 큰 능력을 절제하고 계셨다. 우리가 십자가에 달려서 할 수 있는 것은 아무것도 없다. 내가 기꺼이 나의 십자가를 져야 하나님이 친히 일하시는 모습이 드러날 것이다.

자원하여 십자가에 매달리고 싶은 사람은 없을 것이다. 고통을 당해본 사람일수록 본능적으로 고난을 거부하기 쉽다. 그러나 대부분의 경우 스스로 십자가에 매달리기보다 다른 사람이 붙잡아 매달아 놓는 경우가 더 많다. 세상은 십자가에 달린 사람을 비웃으며 다시 내려오라고 말한다. 당신은 주님을 따르면서 지금까지 예수님의 갈보리 십자가를 만져본 적이 있는가? 예수님의 십자가 옆에 당신의 십자가가 세워진 것을 확인해보았는가?

많은 그리스도인이 십자가의 의미에 대해 잘 알고 있다. 하지만 십자가에 자신이 못 박혀보지 않은 사람은 진정으로 십자가를 안다고 할 수 없다. 온몸이 십자가에 못 박혀 매달려 있을 때의 처절함과 쉬지 않고 밀려오는 고통과 수치심에 대해 모를 것이다. 예수님과 함께 못 박힌 강도 중 한 명은 예수님과 동일한 고통을 받았다. 그러면서 예수님의 십자가는 구원이며 자신은 구원받아야 할 십자가에 매달려 있다는 사실을 알았다. 우리가 예수님과 함께 자기 십자가를 지기 시작할 때 십자가의 영성이 더욱 깊어지며 풍성해질 것이다.

하나님의 인도하심을 따라

아무리 사람이 노력하고 준비할지라도 넘을 수 없는 벽이 있다. 그 벽은 가난과 질병, 장애나 사업 실패 혹은 이혼이나 가정붕괴로 올 수 있다. 하지만 하나님이 개입하셔서 이끄시는 인생이라면 반드시 성공 그 이상을 넘어 태양빛 아래 반짝이는 아침 이슬처럼 생명력 있고 영롱한 인생으로 바뀔 것이다.

PART 3

인도하시는 손길

뜻하지 않게 찾아오는 고통과 상처와 아픔은 하나님을 향한 믿음을 키울 수 있는 좋은 기회가 된다. 위기의 때에 하나님의 은혜 또한 뜻하지 않게 생각지도 못한 방법으로 임하기 때문이다. 인생이 엉켜서 힘들어 죽고 싶을 때, 그 속에 더욱 큰 하나님의 은혜와 섭리가 숨어 있음을 알아야 한다.

물론 문제가 생기고 어려울 때만 하나님의 인도를 받는 것은 아니다. 아침에 눈을 뜰 때부터 잠자는 순간까지, 큰일에서부터 먼지같이 작은 일까지 모두 섬세하게 인도를 받으며 주님의 손을 잡고 한 걸음씩 걸어가는 것이 그리스도인의 삶이다.

나는 평생 하나님의 인도를 받으며 살아가고 있음에 감사한다. 유아 시절부터 수많은 수술과 병이 내 생명과 생각, 추억들을 송두리째 어둠 속으로 삼켜버렸지만, 그 어둠의 질병 속에도 하나님의 계획과 인도하심의 섭리가 담겨 있음을 깨달았다.

나는 2002년 왼쪽 종아리 수술을 받고 퇴원하자마자 청년부 수련회를 준비했다. 교회에서는 퇴원한 지 얼마 되지 않은 내가 청년부 여름 수련회를 인도하는 것은 무리라고 생각했다. 나는 목사님을 찾아뵙고 청년부 수련회를 갈 수 있도록 허락해줄 것을 요청했다. 그러자 청년들의 얼굴이 밝아지고 기대하는 목소리가 높아졌다.

당시 교회 청년부 1년 예산이 100만 원이었다. 매주 청년들이 조금씩 늘어나서 규모가 커지니 7월부터 예산이 바닥나 수련회를 준비하는 데 어려움이 있었다. 그렇지만 이때도 주님의 섭리 가운데 성도의 작은 정성들이 모여서 그 교회가 세워진 이래 가장 많은 헌금이 모아졌다. 그래서 1년 예산보다 더 많은 금액으로 수련회를 준비할 수 있었다.

수련회를 준비하며 기쁘고 감사했지만 고민과 근심도 컸다. 다리 수술을 받은 지 얼마 안 됐기 때문에 혹시 사고라도 나면 어떻게 하나 은근히 신경이 쓰였다. 마음을 잘 지키려고 해도 늘 병을 달고 살았기 때문인지 두려움이 가끔씩 고개를 내밀었다. 그래서 하나님께 맡기는 기도를 해야겠다고 선포하고 청년들과 함께 기도회를 열었다.

여름이 되면 교회와 직장에서 야외로 수련회나 수양회를 준비하고 떠난다. 이 기간 동안 해마다 크고 작은 사고가 발생한다. 전국 교회 여름 수련회 기간 동안 대형 사고가 일어나면 뉴스를 통해 중계된다. 그래서 수련회에서 은혜를 받는 것도 중요하지만, 아무런 사고 없이 잘 마무리되기를 기도하며 수련회 주제를 잠언 16장 9절로 정했다.

> 사람이 마음으로 자기의 길을 계획할지라도 그의 걸음을 인도하시는 이는 여호와시니라 잠 16:9

이번 수련회의 목적은 우리가 들어가고 나올 때, 앉고 일어설 때, 시작하고 마무리할 때 오직 하나님의 인도하심을 따라 무사히 마치고 교회로 돌아오는 것이었다.

초등부와 중등부는 휴양림, 고등부는 충남의 어느 지역으로 수련회를 갔다. 우리 청년부는 대부도로 가기로 했다. 나와 같이 공부했던 전도사님이 섬기는 전원 교회가 그곳에 있었기 때문이다. 근처에는 바다와 산이 있어서 좋았다. 무엇보다 일본군들이 교회에 많은 성도를 몰아넣고 불을 지르고 사격을 해서 순교지가 된 제암리교회가 있어서 뜻깊은 곳이었다. 청년부 임원들과 답사를 하고 장소를 결정한 상태였다.

그때 내 다리는 반깁스 상태였는데, 붕대로 발목부터 골반 허리까지 감아놓은 상태여서 거동이 어려웠다. 나는 내가 약하기 때문에 청년들이 더 적극적으로 알아서 서로 챙기고 잘할 거라고 생각했다.

수련회 첫날을 마치고 둘째 날 장소를 옮기는데 언덕에서 교회 봉고차 타이어에 구멍이 나서 한두 시간 동안 고치고 수련회를 계속 진행했다. 나는 마음속으로 계속 하나님의 인도를 간구하며 긴장의 끈을 놓지 않았다. 인간이 아무리 열심히 준비하고 계획할지라도 수련회를 이끄시는 하나님을 따라가야 은혜로운 수련회가 될 것이라고 여겼다.

'주님, 내일이면 수련회를 마치고 돌아갑니다. 무사히 돌아갈 수 있도록 지켜주세요.'

수련회를 성공적으로 마무리했다는 칭찬보다 더도 말고 덜도 말고 무사히 교회로 돌아가는 것이 내가 맡은 임무라고 생각하며 수시로 주님의 도우심을 간구했다.

드디어 마지막 날 수련회를 마치고 기분 좋게 고속도로를 달리며 교회로 돌아가는 길이었다. 비가 조금씩 내리면서 날씨가 컴컴해지고 있었다. 속도가 붙어 제법 빠르게 달리던 중에 갑자기 '뻥' 하는 소리가 들렸다. 순식간에 차가 고속도로 위에서 빙빙 돌기 시작했다. 마치 빙판길 위에서 차가 미끄러져 빠른 속도로 뱅뱅 도는 것 같았다.

'이제 죽겠구나!'

건너편에서 차들이 쌩쌩 우리 앞으로 돌진해오고 있었다. 우리 차는 중앙선부터 1차선, 2차선, 3차선 옆 언덕까지 다른 차를 피해가면서 넘어질듯 계속 빙빙 돌았다. 운전석 맨 앞 보조석에 앉아 있던 나는 "안 돼!" 하고 크게 소리 쳤다. 순간 공포가 우리를 휘감았으며 운전하시는 분이 정신을 잃고 있었다. 마치 영화에서나 보던 장면이 실제로 눈앞에서 일어났다.

차 안에 있던 우리는 괴성을 지르며 몸을 부들부들 떨면서 서로 부딪혔다. 낭떠러지 밑으로 추락하는 버스에 탄 것처럼 다들 혼비백산하여 죽을 지경이었다.

'하나님, 안 됩니다! 제발 살려주세요!'

차가 덜컹거리고 깁스를 한 다리가 공중에 뜰 때 순간적으로 또다시 다리 수술을 해야 할지도 모른다는 공포가 몰려왔다.

'수술한 다리 속에 있는 쇳조각들이 내 다리를 뚫고 나오면 어떻게 하지?'

극심한 공포에 사로잡혀 이러다가 죽겠다는 생각이 들었다. 차가 난간으로 떨어지거나 중앙선을 넘어 건너편 차와 충돌할 것 같았다. 아니면 빙빙 돌면서 뒤따라오는 차들과 부딪힐 것 같았다. 타이어가 터지면서 엄청난 스피드로 빙빙 도는 차를 피해갈 수 있는 차들은 없을 것 같았다.

그런데 이게 웬일인가! 차가 몇 차례 돌았지만 건너편 차와 뒤따라오는 차에 충돌하지 않고, 난간으로 떨어지지도 않았다. 우리 모두 죽음에서 건짐 받은 기적을 체험한 것이다.

광풍이 불어도 안전하다

사실 이 사고는 예비된 일이라고 해도 과언이 아니다. 이전에 자동차 정비소에서 타이어를 교체하라는 지적을 했었다. 초등부와 중고등부 수련회를 다니면서 아이들에게 발생하지 않고 그다음 차례였던 청년부 수련회에서 결국 일이 터진 것이다. 수련회 둘째 날 언덕에서 한 번 타이어에 구멍이 나면서 경고 사인이 있었다. 그런데 그 경고를 무시한 채 진행하니 마지막 날 돌아오는 길에 고속도로에서 타이어가 터지면서 큰 사고가 발생한 것이다.

차가 대각선 모양으로 도로 위에 멈춰 서자 우리는 차 안에서 급히 빠져나오기 위해 노력했다. 제2, 제3의 사고가 발생할 수 있기 때문이다. 재빨리 도로 밖으로 나와 간신히 몸을 피한 후 살펴보니, 도로 끝은 난간이었다. 다들 부들부들 떨며 겁에 질려 이성을 잃었고 청년들은 울기 시작했다. 광풍이 불 때 흔들거리는 배 위에 있었던 제자들의 모습이 떠올랐다.

하루는 제자들과 함께 배에 오르사 그들에게 이르시되 호수 저편으로 건너가자 하시매 이에 떠나 행선할 때에 예수께서 잠이 드셨더니 마침 광풍이 호수로 내리치매 배에 물이 가득하게 되어 위태한지라 제자들이 나아와 깨워 이르되 주여 주여 우리가 죽겠나이다 한대 예수께서 잠을 깨사 바람과 물결을 꾸짖으시니 이에 그쳐 잔잔하여지더라 눅 8:22-24

몇 시간이 흐른 뒤 견인차들이 오고 우리는 저녁 10시가 넘어서 교회에 도착할 수 있었다.

운전을 하신 집사님은 연세가 70세가량으로, 미군부대에서부터 운전을 하신 오랜 경력자였다. 사고가 수습되어 집에 돌아간 집사님은 정신적 공포와 충격을 잊지 못해 힘들었다고 한다. 청년들도 한동안 정신적인 충격에서 벗어나지 못했다.

나는 그 사건이 발생한 일주일 후에 학교에서 돌아오는 중에 사고를 냈다. 극심한 공포를 경험한 후 운전에 대한 스트레스 상황에서 발생한 사고였다. 운전석 문과 뒷문이 트럭에 부딪혔는데 다행히 내 자동차의 문만 찌그러지는 데서 그쳤다.

교회 분위기는 순식간에 무겁게 바뀌었다. 사고는 거의 대부분 사람의 부주의나 실수로 일어난다. 이 사건 역시 그랬다. 눈에 보이지는 않았지만 이 사고로 인해 나의 수련회 참석이 문제로 불거졌다. 나는 마음이 콩닥콩닥 뛰기 시작했다. 누군가 책임질 사람이 필요한데 그게 바로 나였다. 살아 돌아온 기쁨도 잠시일 뿐, 책임질 문제로 인해 머리가 복잡했다.

이 사고를 미연에 막을 수 있는 충분한 기회가 있었는데 그것을 무시하면서 생사의 갈림길까지 갔다. 이 사건을 통해 계획하신 하나님의 섭리는 무엇이었을까?

우리가 알거니와 하나님을 사랑하는 자 곧 그의 뜻대로 부르심을 입은 자들에게는 모든 것이 합력하여 선을 이루느니라 롬 8:28

이 사건은 사람이 99퍼센트 실수해도 하나님이 보이지 않는 손으로 만져주시고 인도해주시면 그 인생은 생명 길로 갈 수 있다는 것을 보여주었다. 자기중심적으로 생활하며 교만한 마음을 품고 하나님을 경외하지 않는 하나님의 백성들에게 주신 경고 메시지와도 같았다. 이후 살아 계신 하나님을 만난 청년 지체들도 생겼고, 나의 영적 권위를 인정하지 않았던 지체들이 순종하며 교회의 질서를 세우는 계기가 되었다.

아무리 사람이 노력하고 준비할지라도 넘을 수 없는 벽이 있다. 그 벽은 가난과 질병, 장애나 사업 실패 혹은 이혼이나 가정붕괴로 올 수 있다. 하지만 하나님이 개입하셔서 이끄시는 인생이라면 반드시 성공 그 이상을 넘어 태양빛 아래 반짝이는 아침 이슬처럼 생명력 있고 영롱한 인생으로 바뀔 것이다.

내가 주인이 되어 판단하고 결정하며 걷는 걸음은 시각장애인이 안경을 쓰고 걷는 것과 같다. 우리를 가장 잘 아는 분은 하늘 아버지이시다. 세상 모든 만물을 만드시고 사랑으로 품어주시는 하나님 아버지가 우리의 발걸음을 인도해주시면 그 결과를 신뢰할 수 있다. 그분을 따라가면 처음에는 무거웠던 발걸음이 어느새 가볍게 바뀌어 있을 것이다. 전쟁과도 같은 인생을 살면서 잃어버린 용기와 자신감, 긍정적인 빛의 생각들이 마음속에 가득 채워질 것이다.

작은 나룻배 같은 인생일지라도 주님이 동행하고 계시면 주님이 내 삶의 키를 잡고 운행하시기 때문에 희망과 생명과 기쁨이 나를 기다리고 있을 수밖에 없다. 주님은 고통당하며 좌절한 사람들에게 분명하게 말씀하신다.

그는 사람의 길을 주목하시며 사람의 모든 걸음을 감찰하시나니
욥 34:21

너의 행사를 여호와께 맡기라 그리하면 네가 경영하는 것이 이루어지리라 잠 16:3

믿는 사람은 자신의 인생의 발걸음을 인도하시는 하나님을 바라보며 포기하지 말고 전진해야 한다. 자신이 지금 걸어가고 있는 길이 견딜 수 없을 만큼 힘들지라도 하나님의 능하신 손아래 있음을 잊지 않는다면, 곧 갈라질 홍해 앞에 서 있다는 사실을 알게 될 것이다.

예비된
만남

         나를 물심양면(物心兩面)으로 섬겨주었던 교회를 떠나 자비량 선교사로 파송받기 전에 두 달 정도 다른 교회를 섬기게 되었다. 나는 신학생으로서 큰 교회는 어떤 모습일지 궁금하여 내심 큰 교회를 탐방하며 예배를 드려보고 싶었다. 하지만 하나님은 나의 생각과 달리 작은 개척 교회로 인도해주셨다.

    엘리베이터도 없는 5층 건물에 열 분 정도의 장년들과 비슷한 수의 아이들이 있는 교회였다. 나는 아동부에서 일손이 부족하다고 하여 전도사가 아닌 교사로 아이들을 맡게 되었다.

    한참 여름성경학교를 준비하는 기간이었다. 나는 인형극을 기획하고 준비하며 시간을 보냈다. 낮에는 인형극에 필요한 소품을 만들고, 배경 그림을 그리면서 며칠 동안 밤늦게까지 일했다.

교회 형편이 어려워서 인형극 무대는 근처에 있는 다른 교회에서 빌리기로 했다. 그런데 차가 막히는 상황에서 내가 길까지 헤매는 바람에 30-40분 정도 되는 거리를 2시간이 넘게 걸려서 도착했다. 너무 지쳐서 가는 중간에 포기하고 싶은 생각까지 들었다. 마음을 다잡으며 그 교회에 도착하자, 시곗바늘이 오후 5시를 가리키고 있었다. 신학교 같은 반 동기 전도사님이 나를 반기면서 말했다.

"오늘 수요예배에 선교사님이 오셔서 말씀을 전해주시니 예배드리고 저녁도 먹고 가게."

마침 나도 선교를 준비하고 있던 상황이라 선교사님을 만나보고 싶었다. 그래서 예배를 드린 후 함께 저녁을 먹게 되었다. 그 자리에 동석했던 선교사님의 사모님이 나에게 물었다.

"아직 결혼 안 하셨어요?"

"네."

그러자 옆에 있던 신학교 동기 전도사님이 말을 거들었다.

"이 친구는 곧 단기선교사로 나갈 예정이에요."

식사를 마치고 가려는데 선교사님의 사모님이 나를 불렀다.

"내가 아끼는 자매가 있는데 한번 만나볼 의향이 있어요?"

"네, 그런데 저는 장애가 있어요…."

나는 주저하며 조그만 소리로 말씀드렸다. 그런데 사모님은 망설이는 기색 없이 내 연락처를 달라고 했다. 당시 나는 다시 걷게 된 지

두 달도 안 되었을 때였는데 그날 교회 의자에 목발을 두고 밥을 먹었던 터라 사모님이 목발을 못 봤던 것 같다(훗날 다시 만나게 된 사모님은 내가 장애인이라고 말한 것을 듣지 못했고, 목발도 보지 못했다고 했다).

사모님께 내 연락처를 드리긴 했지만 전혀 기대하지 않았다. 그런데 얼마 후 사모님으로부터 전화가 왔다. 자매와 약속을 했으니 대학로에서 함께 만나자는 것이었다. 얼떨결에 여름성경학교를 마치는 날 저녁 6시에 만나기로 했다. 나는 큰 기대감 없이, 그저 선교사님 부부에게 식사를 대접하자는 마음으로 나갔다. 마침 한 성도가 후원해준 거금 10만 원을 가지고 편한 마음으로 나갔다. 장염으로 인해 여름성경학교 내내 고생을 하긴 했지만, 어쨌거나 모든 일정을 무사히 마치고 인천에서 대학로로 출발했다.

가는 날이 장날이라고 마침 그날이 대학로로 가는 길목인 청계천 다리를 허는 첫날이었다. 종로부터 청계천까지 대학로 일대가 교통체증으로 움직이지 못했다. 나는 약속 시간에 도착하지 못할 것 같아 선교사님께 전화를 했다. 그런데 선교사님 부부는 일이 생겨서 못 나오고 자매만 나온다는 게 아닌가! 그때부터 가슴이 조금씩 떨리기 시작했다. 선교사님께 식사를 대접하는 자리라고 생각하며 편하게 나왔는데 단 둘만 만난다니 긴장됐다.

사실 나에게 있어 결혼은 천국에 가는 것보다 더 어려운 일처럼 여겨졌다. 그때까지 자매를 만나본 일도 없고, 소개팅을 해본 적도 없었다. 상황에 이끌려 긴장된 마음으로 사모님이 알려준 자매 번호로 전화를 했다.

길이 막혀서 조금 늦을 것 같다고 하자, 자매도 역시 늦을 것 같다고 했다. 다행히 약간의 여유가 생겼다. 나는 대학로에 도착하자마자 곧장 화장실로 들어가 여름성경학교 때 입었던 티셔츠를 벗고 얼마 전에 새로 산 셔츠로 갈아입었다. 그것은 선교지에 입고 가기 위해 동대문에서 처음 구입한 옷이었다.

제가 마음에 드십니까?

나는 대학로 민들레영토에서 자매를 만났다. 처음 보는 순간, 자매의 얼굴이 단번에 내 마음속으로 들어왔다.

'말로만 듣던 사모감이 바로 이런 사람이구나!'

차분하고 성숙하며 기품이 있는 이미지의 자매였다. 나에게는 첫 소개팅이었던 반면, 자매는 서른 번이 넘게 소개팅을 했다고 했다. 그런데 그때마다 하나님이 정해주신 짝이라는 느낌을 받은 사람이 없어서 한 번 이상 만난 적이 없다는 말도 덧붙였다.

자매와 대화를 나누면서 그녀가 직장을 다니다가 아프리카 케냐로 2년 동안 단기선교사로 나갔다 왔다는 말을 들었다. 신학생들에게조차 쉽지 않은 일인데 일반 직장인이 그것도 여자 혼자 몸으로 아프리카까지 가서 봉사하고 왔다는 말을 듣고 감동하지 않을 수 없었다. 아니, 존경심까지 우러나왔다.

어느 정도 대화를 하고 나서 저녁을 먹을 시간이 되었다.

"사실 선교사님께 저녁식사를 대접할 생각이었는데 못 오셨으니 자매님이 먹고 싶은 것을 사드리겠습니다. 이 집에서 가장 맛있는 음식을 드셨으면 좋겠습니다."

나는 주머니 안에 있는 10만 원을 믿고 자신 있게 말했다. 내심 속으로는 전도사가 사는 것이니, 비프스테이크 같은 비싼 음식을 시키지는 않을 것이라고 생각했다. 그런데 자매의 대답이 의외였다.

"그럼, 저는 비프스테이크 먹을게요."

잠시 당황이 되었다. 당시 한 달 생활비로 5만 원 정도를 쓰던 나에게 최고의 음식은 돈가스였다. 그렇지만 이미 자신만만하게 권했기 때문에 당황한 기색을 보이지 않으려고 노력했다. 나는 돈가스를 먹으려고 했지만 뭔가 격이 맞지 않는 것 같아서 함박스테이크를 시켰다.

여름성경학교 내내 장염에 걸려서 죽만 먹고 있던 상황이어서 함박스테이크도 다 먹을 자신이 없었다. 그래도 자매와 대화가 잘 통해서 즐겁게 저녁을 먹고, 이런저런 얘기를 하다 보니 헤어질 시간이 다가왔다. 나는 얼마 후에 선교지로 떠날 예정이었기에 중보기도를 부탁했다. 그러자 자매는 아주 일반적이고 형식적인 대답을 했다.

"네, 기도할게요."

나는 자매의 마음을 알아보기 위해 질문을 해보기로 했다.

"자매님, 사람을 만나면 첫인상을 보고 느끼는 점이 있기 마련이잖아요. 오늘 세 가지 질문을 드리고 싶어요. 그 질문에 성실하게 답해 주셨으면 좋겠습니다."

"네."

"제가 땡기십니까?"

자매는 내 말을 듣고 당황한 표정을 지으며 말했다.

"전도사님, 처음 만난 자리에서 어떻게 그런 질문에 쉽게 대답을 할 수 있겠어요."

'음, 마음에 들지 않는구나.'

대화를 좀 더 이어나가다가 나는 다시 질문을 했다.

"제가 땡기십니까?"

처음에 물었을 때는 어떻게 쉽게 대답을 할 수 있겠느냐며 난처한 기색을 표하던 자매가 이번에는 모르겠다고 말했다. 나는 기회를 놓치고 싶지 않아서 한 번 더 용기를 냈다.

"이제 마지막 질문을 하겠습니다. 잠깐 만났어도 사람들마다 좋은 느낌인지 아닌지 정도는 있을 거예요. 이 질문에 대답이 없을 경우 제가 마음에 들지 않는 것으로 생각하겠습니다. 제가 땡기십니까?"

아무 말도 없이 1분 정도가 흘렀다. 1분이 마치 1시간처럼 느껴지고 긴장돼서 땀이 나고 손발이 떨릴 정도였다.

'과연 어떤 대답이 나올까?'

대답에 따라서 만남이 계속 이어질 수도 있고, 아니면 이것으로 마지막 만남을 정리해야 했기 때문이다. 드디어 자매의 입에서 대답이 나왔다.

"땡기는데요."

우리는 서로를 바라보며 웃었다. 사실 나는 그때까지 '땡기다'라는 단어를 사용해본 적이 없었다. 조금 신기하기까지 했다. 처음 써보는 말이라 나조차도 어색했지만, 이 말을 주고받으며 서로에게 한 발자국 다가선 친근한 기분이 들었다.

만남을 이어가기로 한 후에 나는 다시 선교지로 가는 나를 위한 중보기도를 간곡히 부탁했다. 이번에는 자매도 상투적인 말이 아닌 진심이 담긴 말로 기도할 것을 약속했다.

나는 평소에 소박한 꿈을 갖고 있었다.
연인과 커플티셔츠를 입어보는 것이었다. 그래서 나는 자매에게 제의
를 했다.

"내가 단기선교를 나가기 전에 자매와 같이 커플티를 입어보고 싶
은데, 괜찮을까요?"

"네, 그렇게 하세요."

자매는 흔쾌히 승낙해주었다. 그런데 가만히 생각해보니 커플티셔
츠보다는 커플링이 좋을 것 같았다.

"우리 커플티보다 커플반지를 나누는 게 어떨까요?"

"네, 괜찮아요."

그 후 얼마 지나지 않아 나는 내 안의 용기를 다 끌어모아 조금 긴

장된 목소리로 말했다.

"이왕 커플링까지 한 김에 약혼을 했으면 좋겠어요."

자매는 약간 당혹스러운 표정을 지었지만 잠시 생각한 끝에 그렇게 하자고 했다. 그 순간 우리는 서로 약간 놀란 표정을 지었다가 곧바로 누가 먼저랄 것도 없이 큰 소리로 웃었다. 마치 뭔가에 홀려 이끌려가는 기분이 들었다. 일주일 후에 금은방에 들어가서 커플링을 구입하고 계산을 하려는데 깜짝 놀랄 일이 생겼다.

내가 스물네 살 때 종로에서 귀금속 관련 일을 했었는데 같은 공장에서 함께 일하던 형이 금은방 사장님이 되어 있었다. 우리는 서로 놀란 표정으로 바라보며 처음에는 아무 말도 하지 못했다. 형은 내가 쓰러져서 구급차에 실려가는 모습을 목격했기에 걸고 있는 내 모습을 보자 놀라움을 금치 못했다.

"건강은 어때? 괜찮은 거야? 정말 잘 견네."

"많이 좋아졌어요."

형은 귓속말로 살짝 말했다.

"옆에 있는 분 누구야? 인상이 참 좋네!"

"약혼반지의 주인공이에요."

우리는 안부를 묻고 악수를 한 후에 헤어졌다.

자매와 나는 만난 지 한 달도 안 돼서 작은 지하 개척 교회에서 약혼식을 올리기로 했다. 그러나 약혼식 전에 넘어야 할 높은 산이 나를 기다리고 있었다. 바로 자매 집안의 허락이었다.

상견례 자리에는 시골에 계신 연로하신 부모님 대신 자매의 언니와 형부들이 나왔다. 그 분들은 내게 질문할 내용을 종이에 빽빽하게 적어 왔다. 자리에 앉자마자 흡사 청문회 자리에 온 것같이 수많은 질문을 쏟아내기 시작했다.

"부모님은 계신가요?"

"어머님은 돌아가신 지 몇 년 되셨고, 연로하신 아버님과 함께 살면서 열심히 공부하는 중입니다."

"신학교를 졸업하면 목사님이 되는 건가요?"

"아직 모르겠습니다."

그것은 사실이었다. 다른 학우들이 전도사로 사역할 때 나는 교회에 이력서도 내지 못하는 상황이었기 때문이다. 절실한 상황이었지만, 하나님 앞에서 내가 처한 현실에 대해 정직하게 대답하지 않을 수 없었다.

"일반적으로 졸업하면 목회자가 되지 않나요?"

"저는 아직 모르겠습니다."

"그럼 결혼 후에 살 집은 있나요?"

"없습니다."

"다리는 앞으로 괜찮은 건가요?"

이 질문은 대답하기가 아주 곤란했다. 잠시 침묵이 흘렀다.

"짧게나마 말씀드리면 몇 년 동안 수술하면서 하나님이 고쳐주셔서 여기까지 오게 되었습니다."

가족들의 표정이 점점 어두워지더니 급기야 자매의 언니가 눈물을 흘리기 시작했다. 동생이 고생할 것이 뻔히 보이는 상황에서 약혼을 허락하자니 마음이 어려웠을 것이다.

나는 쏟아지는 가혹한 질문에 성실하게 답하면서 마지막 자존심까지 밟히는 기분이었다. 중간에 자리를 박차고 일어나고 싶은 심정이 들기도 했다. 하지만 자매를 생각하면서 이 고비를 잘 통과하자고 마음을 다잡았다. 모든 질문에 대한 답을 마친 뒤 나는 자매에게 나의 건강 상태에 대해 말했다.

모든 내용을 다 이야기하면 겁을 먹고 놀랄 것 같아서 기본적인 설명만 했다. 짧은 시간에 다 말할 수 없는 긴 이야기였고 게다가 믿기 어려운 일도 많았기 때문에 차차 더 많은 시간을 가지고 이야기할 필요가 있었다. 나는 선교지로 나가는 부분에 대해 언급하며 마지막으로 자매에게 진지하게 말했다.

"자매님, 떨어져 있는 1년 동안 기도하면서 조금이라도 나에 대해 확신이 서지 않으면 좋은 분 만나서 결혼하세요. 장애인과 평생 함께 살아간다는 것은 십자가를 몸에 지는 것과 같을 것입니다. 지금까지 장애인으로 살면서 직접 겪어보고 하는 말입니다. 세상은 나를 낭떠러지로 몰아갔고, 수십 년 동안 편견 어린 시선들을 받아야 했습니다. 우리가 약혼을 했지만, 결혼해서 살다가도 이혼하는 게 현실인데 배우자에 대한 굳건한 확신도 없이 결혼한다는 것은 불행한 일입니다. 이것을 가볍게 생각했다가는 결혼 후에 힘들어서 이혼할 가능성이 있기 때문입니다."

나는 자매가 나를 동정심이 아닌, 사랑의 감정으로 바라보고 있는지 진지하게 고민해보길 원했다. 자매에게 확신이 들 때 결혼하자고 말하면서 1년이라는 시간을 하나님 앞에서 좋은 기회로 삼자고 했다. 하지만 속으로는 그녀가 나를 기다려주기를 간절히 바라며 기도했다.

집과 재물은 조상에게서 상속하거니와 슬기로운 아내는 여호와께로서 말미암느니라 잠 19:14

나는 스무 살 때, 목사님의 설교 중에 배우자를 위해 기도해야 한다는 말을 듣고 십 년이 넘게 기도하던 중이었다.

'정말 같은 하늘 아래에 나를 만나서 결혼할 자매가 있다는 말인가? 나 같은 사람에게도 영혼의 짝이 있을까?'

직장도 없고 돈도 없으며, 학력도 약하고 결정적으로 장애를 안고 있지 않은가. 재능도 없는데 조건도 안 좋고, 어려운 환경에 둘러싸여 있어서 결혼하는 것이 너무 어려워 보였다.

나뿐 아니라 우리나라와 전 세계 수많은 장애인과 그의 가족들이 같은 문제로 고민하며 힘겨운 시간을 보낸다. '같은 하늘에 나와 인생을 같이할 짝이 존재할까? 존재한다면 왜 만나지 못하고 있는 것일까?'라는 고민을 하고, 힘든 현실을 보면서 '아마도 없을 거야'라고 결론을 내리며 스스로 포기하고 만다. 하지만 나는 계속 주님을 의지하며 기도했다.

'하나님, 저는 가난하고 몸도 불편한 장애인이지만 결혼하고 싶습니다. 행복한 믿음의 가정을 세워서 자녀를 낳으며 알콩달콩 살고 싶습니다. 간절한 소원입니다. 제 짝을 주십시오. 하나님, 반드시 숨겨둔 제 반쪽, 하나님이 믿음으로 잘 지키고 있는 제 반쪽을 만나게 해주십시오.'

매일 기도하며 기다리는데 주위에 있는 자매들은 나에게 눈길 한 번 주지 않았다. 많은 집사님과 권사님이 "우리 교회에서 제일 믿음이 좋은 귀한 청년이야"라고 칭찬해주셨지만, 자신의 딸과 엮이지 않도록 조심하는 분위기였다.

오랫동안 기도했던 일인데 하나님은 나의 기도를 들으시고 결정적인 순간에 아내와 나를 오른손과 왼손으로 뽑아서 만나게 해주셨다. 나는 자매를 만나면서 큰 행복을 느꼈다. 자매는 궁궐의 공주인데 거리의 거지인 나를 기꺼이 만나준 것 같아서 한없이 고마웠다.

사스의 공포를 이기고

        천사 같은 자매를 만나게 해주신 하나님의 은혜에 감사했다. 하지만 내가 이전에 주님 앞에서 품었던 마음을 되돌아보았다. 3년 동안 긴 수술을 마친 나는 전쟁터에서 전우는 다 죽었는데 홀로 살아남은 기분이었다. 살아 돌아온 훈장으로 걸어다닐 수 있는 두 다리를 선물받은 지 얼마 안 돼서 나는 다시 전쟁터로 떠나기 위해 자원해서 출정을 기다렸다.

    아무리 전쟁 경험이 많은 군인이라도 치열한 전쟁 앞에서 '이번에 살아 돌아올 수 있을까' 하는 염려를 하지 않을 수 없다. 두려움과 실패의 경험은 성공을 위한 디딤돌이 되기도 하지만 때로는 인생을 송두리째 빼앗아가는 도구가 되기도 한다.

    '3년의 수술을 마친 나에게 설마 하나님이 또 수술을 시키지는 않

으시겠지.'

나름대로 이런 믿음을 가지고 선교지에 나갈 준비를 했다. 인간은 누구나 살다 보면 어려운 순간을 만난다. 내 인생에서도 무엇인가 믿음으로 결단하고 실행에 옮길 때면 골리앗같이 거대한 문제들이 다가왔다. 단순히 물질이 없거나 몸이 안 좋은 정도의 문제가 아니라 천재지변처럼 도저히 인간의 힘으로는 감당할 수 없을 것 같은 문제가 산처럼 다가올 때가 많았다.

왜 그런 어려움들이 다가오는지는 모른다. 그렇지만 기도하면서 하나님의 대답을 기다리며 말씀으로 해석해나가는 삶을 살았다. 빨리 응답을 받지 못해서 흔들릴 때가 있었지만 뿌리가 뽑히지 않은 것은 하나님이 살아 계시다는 믿음의 확신 때문이었다.

하나님이 나를 긍휼히 여기셔서 일으켜 세워주셨으니 단기선교사로 헌신하며 섬기겠다고 결심했다. 그런데 이번에는 사스가 전 세계를 뒤덮는 재난이 일어났다. 호흡기 질환으로 사람이 죽는 일이 발생한 건 사스가 처음이었다. 홍콩과 싱가포르, 대만, 중국 등 여러 국가에서 선교사들이 국내로 돌아왔다. 그때 내 나이가 서른세 살, 즉 예수님이 공생애를 마치신 나이였다. 점점 출국 날짜가 다가오자 두려운 마음이 들었다.

'다른 사람에게 호흡기 질환을 옮아서 죽게 되면 어떻게 하지?'

이런 생각이 자꾸 꼬리에 꼬리를 물고 나를 두려움과 공포 속으로

밀어넣었다. 방송매체에서는 사스가 전 세계로 확산될 수 있으며 사망자가 늘고 있다고 발표했다.

이제 막 새롭게 시작된 인생길 앞에 큰 바위가 길을 막아버린 것 같았다. 크게 떨리는 건 아니었지만 혹시나 하는 마음에 신경이 쓰였다. 그래도 약속한 날짜에 맞춰서 동남아시아로 들어갔다. 도착하는 첫날 공항에 연세가 많이 드신 시니어(Senior) 선교사님과 내 또래 목사님이 기다리고 계셨다.

휠체어를 타고 출국문으로 나가 인사드리고 차에 올라타는 순간, 젊은 목사님이 처음으로 하신 말에 충격을 받았다.

"일 좀 시키려고 했는데, 그 몸으로 왜 오셨습니까?"

대놓고 이렇게 말하니, 어떻게 대답해야 할지 난감했다. 이 분은 헤어지는 순간까지 독립군을 잡으러 다니는 일본 경찰처럼 시험에 빠질 이야기로 나를 힘들게 했다. 어디를 가나 미성숙한 사람이 있기 마련이다. 하지만 선교지에서 지내려면 무조건 참아야 했다.

한동안 생활하는 데 가장 힘들었던 것은 걸어다니는 문제였다. 나는 걷게 된 후로 선교지에서 정말 원 없이 걷고 있었다. 어느덧 일반인 못지않게 달릴 수 있는 상태까지 되었다. 그렇지만 수술한 몸으로 40도를 오르내리는 열대지방을 차 없이 다니는 것은 몹시 힘들었다. 후덥지근한 더위가 수개월 동안 계속되자 체력이 고갈돼 힘에 부쳤다. 숙소에 돌아오는 골목길은 1킬로미터가 넘었다. 너무 힘들다 보니 그 길에서 저절로 예수님을 묵상하게 되어 땀과 눈물로 얼룩진 얼굴을 하고 다녔다.

'내가 이렇게 힘든데 예수님은 갈보리 언덕을 올라가실 때 얼마나 힘드셨을까?'

이때 주님이 내게 말씀하셨다.

'이 길을 걸어가는 게 많이 힘들지? 힘든 것 내가 다 안다.'

'주님, 너무 속상하고 힘들어요! 몸이 고달프고 힘든 것보다 마음고생을 하는 게 더 힘들어요. 아무런 이유 없이 사람을 무시하고 힘들게 하는 지체 때문에 괴롭고 속상해요.'

'네가 걷고 있는 그 길을 내가 수천 년 전에 먼저 걸었단다. 그래서 그 길을 걷는 네 마음을 내가 다 안단다. 내가 이렇게 지금 너와 함께 걸으면서 얘기하고 있지 않느냐? 세월이 흐르고 이해할 수 있을 때가 되면 너그럽게 헤아릴 수 있겠지. 내가 참고 걸었던 것처럼 너도 너의 십자가를 바라보며 이 길을 잘 걸었으면 좋겠구나.'

그 길은 주님과 대화하는 골목길이었다. 어떤 때는 고자질도 하고 어떤 때는 속상한 마음을 털어놓았다. 그 이후부터 힘들지만 그 골목길이 좋아지기 시작했다.

고향의 부모님처럼, 주님은 만날수록 더 만나고 싶고 기댈수록 더 기대고 싶은 분이다. 주님을 만나는 시간이 늘어날수록 내 마음은 더 넓게 열렸다. 나에게 주님은 어느새 깊이 사모하는 연인이 되었다. 그 길을 걸을 때마다 주님이 주신 말씀을 묵상하며 또 묵상하는 행복한 시간을 보냈다.

어디든 따라다니는 수술의 위험

선교지 문화를 열심히 익히며 사역을 하고 약혼녀가 기다리고 있는 한국으로 돌아가기 몇 달 전이었다. 다른 지역에서 내가 필요하다는 요청이 왔다. 생각지도 못한 일이었다. 나는 결정을 내리는 것이 어려워 금식기도를 했다.

'하나님 이제 얼마 후면 한국으로 돌아가는데, 제가 꼭 그곳으로 가야 합니까?'

'내가 너를 죽음에서 건져준 것처럼 너도 한 영혼을 위해 그곳에 가거라.'

나는 하나님의 부르심을 듣고 새로운 지역으로 가기로 결정했다.

사실 하나님의 응답이 아니었다면 나는 그곳으로 갈 마음이 없었다. 기도하지 않고 혼자 고민했으면 안 갔을 것이다.

나는 하나님의 응답을 받았지만 걱정되는 사람이 있었다. 바로 약혼녀였다. 국제 전화를 걸어 자매와 통화를 했다.

"자매님, 미안합니다. 저는 곧 다른 지역으로 떠나야 할 것 같아요. 혹시 돌아오지 못하게 되면, 저를 잊고 다른 분과 결혼해서 잘살길 바랍니다."

"안 가면 안 되나요? 돌아올 날도 얼마 남지 않았는데 꼭 가야 하나요?"

자매의 말을 듣고 서로 얼마나 울었는지 모른다. 자매는 안타까워하면서 끝까지 안 가면 안 되느냐는 말을 반복했다. 내가 가려는 지역이 사스의 여파가 여전히 기세등등한 곳이었기 때문에 더 그랬다. 그러나 나는 더 이상 급성호흡기증후군이 두려운 사람이 아니었다. 내 몸을 지탱하고 있는 뼛속의 인공관절이 부러지게 되면 그 자리에서 주저앉는 것뿐 아니라 생명까지 위협받을 수 있었다. 죽음을 각오하지 않고는 갈 수 없는 길이었지만 사명이 흔들리지는 않았다.

2000년부터 3년 동안 수술을 받은 뒤 선교지에 나왔으니 더는 수술할 일이 없을 거라고 생각하고 가장 건강한 몸을 드리고자 나온 것이었다. 이제 와서 뒤로 물러설 수는 없었다. 나는 비행기를 타고 새로운 사역지에 도착했다.

공항에 마중 나온 성도들은 나를 반갑게 맞아주었다. 그날 저녁 나는 식사초대를 받아 한 성도의 집을 방문했다. 즐겁게 식탁의 교제를 나누고 집을 나서니 어두운 밤이었다. 집 앞에 세워둔 차를 타고 나가려고 하는데 집사님이 반대편으로 돌아가서 타라고 하셨다. 그런데 돌아가는 순간 오른발이 허공에 떴다. 그 지역에는 집 앞쪽으로 2미터 정도 되는 도랑이 깊게 파여 있었는데 당시 물은 흐르지 않았다. 내가 그 지역의 문화를 잘 몰라서 도랑의 존재를 모르고 발을 잘

못 디뎌서 빠진 것이다.

"악!"

나는 몸의 중심을 잃고 공중으로 회전하듯 넘어졌다. 그리고 그 자리에서 의식을 잃고 말았다. 구급차를 타고 응급실에 도착한 후 만 하루가 지나서야 눈을 떴다. 머리부터 떨어지면서 큰 충격을 받아서 막 깨어났을 때는 여기가 어디인지, 내가 누구인지조차 알지 못했다. 의식이 돌아오자마자 본능적으로 먼저 다리를 만져보았다. 3년 동안 수술을 받고 10년 만에 기적같이 일어나게 되어 현장에 나왔는데 1년도 안 돼서 이런 사고를 당했으니 다리 상태가 가장 걱정이 되었다.

그런데 이게 웬일인가. 다리가 온전했다. 온통 피범벅이 된 상체보다 종잇장처럼 얇은 다리뼈가 이상이 없다는 게 신기했다. 언제 쓰러져서 다시 앉은뱅이가 될지 모르는 상태의 다리가 온전하다는 사실은 내게 또 다른 기적이었다.

하지만 그 사고로 인해 나는 고막이 터지면서 귓속에 있는 뼈들이 골절되고, 어깨뼈와 갈비뼈, 쇄골뼈가 다섯 군데나 부러져서 상체는 온통 피로 빨갛게 물들었다.

부러진 곳에서 오는 통증은 말로 표현할 수가 없을 정도였다. 숨을 쉴 때마다 고통이었다. 뇌 촬영과 상반신 엑스레이를 찍은 결과 곧장 수술해야 한다는 진단이 나왔다. 걱정했던 부분이 눈앞에 현실로 나타났다. 3년간의 수술을 마치고 4년째 또 수술을 받아야 하는 어처구니없는 상황이 된 것이다. 전쟁에 나가자마자 지뢰를 밟아서 온몸이 만신창이가 된 꼴이었다.

나는 수술을 거부했다. 평생 수술을 받고 살아온 나였기에 전신마취를 해야 한다는 부담감을 이기기 힘들었다. 수술 중에 깨어나지 못할 가능성이 다른 사람들보다 훨씬 높았다. 나는 부러진 뼈를 그대로 붕대로 감싼 후 뼈가 스스로 붙을 때까지 기다리기로 했다.

당시는 사순절 기간이었다. 나는 예수님의 고통에 참여한다고 생각하면서 아침부터 저녁까지 고통과 싸웠다. 오른쪽 팔은 아무런 감각이 없었고 왼쪽 팔만 겨우 움직일 수 있었다. 그야말로 이제 상반신까지 온몸이 성한 곳이 없었다.

너무 아파서 누워 있지도 못하고 서 있지도 못한 채 벽에 기대서 밤을 지새웠다. 작게나마 힘을 주어 말하려고 하면 몸속에서 부서진 뼈들이 같이 움직이는 바람에 말도 할 수가 없었다. 아픈 마음으로 기도하고 있는데 하나님의 음성이 들렸다.

'선교와 목회는 네가 하는 게 아니란다! 인간이 하는 게 아니란다!'

나는 이 음성을 듣고 힘을 얻었다. 주님의 일은 내가 하는 게 아니었다. 건강한 몸으로써 내 은사와 능력을 가지고 선교하는 게 아니었다. 나는 육신의 고통을 느끼면서도 영혼 깊은 곳에서 감사가 터져 나와 눈물로 하나님께 찬양을 드렸다.

인생길 험하고 마음 지쳐

살아갈 용기 없어질 때

너 홀로 앉아서 낙심치 말고

예수님 품으로 나아오시오

예수님은 나의 생명

믿음 소망 사랑 되시니

십자가 보혈 자비의 손길로

상처 입은 너를 고치시리

평생의 모든 꿈 허물어져

세상의 친구 다 떠날 때

어둠에 앉아서 울지만 말고

예수님 품으로 나아오시오

예수님은 나의 생명

믿음 소망 사랑 되시니

십자가 보혈 자비의 손길로

상처 입은 너를 고치시리

어둔 밤 지나면 새날 오고

겨울이 가면 봄이 오듯

이 세상 슬픔이 지나고 나면

광명한 새날이 다가오네

예수님은 나의 생명

믿음 소망 사랑 되시니

십자가 보혈 자비의 손길로

상처 입은 너를 고치시리

조용기 사, 김보훈 곡 〈예수님 품으로〉

어둠이 지나면 반드시 새날이 온다. 고통의 시간을 지나면 반드시 기쁨을 누리는 시간이 온다. 예수님의 십자가 보혈의 손길이 내 상처를 만지고 고쳐줄 것이다. 나는 영혼의 고백으로 이 찬양을 올려드렸다.

하나님의 표적,
교회의 부흥

　　　　　교회 안에서 하나님의 일을 하면서도 의외로 하나님을 만나지 못한 사람들이 많다. 마치 부모와 늘 가까이 있지만 부모의 마음을 잘 알지 못하는 자녀처럼 말이다. 내가 간 곳은 모슬렘 지역이었다. 많은 사람들이 내게 사고가 일어났을 때 의식을 차리지 못하고 죽을지도 모른다는 생각을 했다고 한다. 그런데 구급차를 타고 가던 중에 몇몇 사람은 내가 의식을 잃은 상황에서도 계속 방언으로 기도하는 모습을 보고 깜짝 놀랐다고 한다.

　몸에 장애를 안고 있는 선교사가 도착하자마자 큰 사고를 당하자 주변의 관계된 사람들이 더 힘들어졌다. 나는 겨우 의식을 회복하기는 했지만 몸 상태는 최악이었다. 진단이 10주 이상 나왔다. 깨지고 찢어지며 피멍이 든 상태에서 혼자 움직일 수 없는 비참한 상황이 펼쳐졌다. 내가 섬겨야 할 예배 날짜는 점점 다가오고 있었다. 앞으로 전진할 수도 없고 뒤로 후퇴할 수도 없는 곤혹스런 상황이었다.

그러나 모든 것이 바닥났을 때 새로운 역사가 시작된다. 가나의 혼인잔치 때 포도주가 한 방울도 없는 상황에 예수님이 개입하시자 단 1퍼센트도 가능성이 없었던 일이 일어났다. 물이 포도주로 변하는 기적이 일어났다. 그것도 이전보다 더 맛좋은 포도주가 된 것이다. 절망의 한복판에서 예수님의 첫 표적이 행해져서 제자들이 예수님을 믿게 되었다.

예수께서 이 첫 표적을 갈릴리 가나에서 행하여 그의 영광을 나타내시매 제자들이 그를 믿으니라 요 2:11

예수님은 과학적이고 합리적인 것을 역행하는 천국의 비밀을 열어 보이시며, 새로운 가능성의 샘물이 터지는 모습을 모두 목격하게 하셨다. 이 사건을 이해할 수 있는 유일한 길은 그것을 행하신 하나님을 인정하고 만나는 일밖에 없었다. 그 상황을 통해 나타내고자 하신 하나님의 뜻과 계획이 존재하기 때문이다.

나는 금식기도를 하고 울면서 예배를 준비했다. 양복을 입는 것도 어려웠다. 목발을 짚고 혼자 간신히 왼손을 움직이면서 옷을 입었다. 내가 먼저 깨지고 회개하는 시간을 가지면서 중세 시대의 성 이그나

티우스 데 로욜라(Ignatius de Loyola)처럼 예수님의 고난에 동참하는 것이 무엇인지 다시 한 번 십자가를 바라보며 침묵으로 기도하는 시간을 가졌다. 내가 형통하고 기쁠 때 만나는 십자가와 헐벗고 실패해서 쓰러질 때 만나는 십자가는 확실히 달랐다. 내 죄로 인해 져야 하는 십자가가 아니라, 하나님나라를 위해 짊어지고 가야 할 거룩한 십자가를 만나는 것은 영광스러운 일이었다.

> 그리스도를 위하여 너희에게 은혜를 주신 것은 다만 그를 믿을 뿐 아니라 또한 그를 위하여 고난도 받게 하려 하심이라 빌 1:29

십자가의 고난을 묵상하고 동참함으로써 내 영혼이 수정같이 맑게 변하는 것 같았다. 사람들이 그런 나를 신기한 눈으로 바라보고 있었다. 엊그제 그렇게 큰 사고를 당했는데 수술도 안 하고 설교하러 왔다는 것 자체가 믿어지지 않는 듯했다.

하나님이 돌보시는 사람들

나는 선교지 교회에서 다양한 사연을 가진 이들을 만났다. 고향을 떠나 타국으로 돈을 벌러 온 사람들이 많았는데 그중 한 가정은 평생 모은 돈 수십억 원을 투자해서 궁전 같은 큰 식당을 차렸다. 그런데 사업이 망해서 전 재산을 다 잃었다.

남편은 신앙생활을 하지 않고, 부인만 교회를 다녔는데 사업이 망해서 한국에 돌아갈 상황이 안 되었다. 게다가 부인은 호흡기 장애로 몇 번이나 숨을 쉬지 못해 응급차에 실려갔다고 했다. 주일예배 후 그 가정에 심방을 갔다.

그 집에 도착한 후 찬양을 부르면서 중보기도를 했는데 성령님이 강하게 기도를 이끌어가시는 게 느껴졌다. 성령님의 이끄심에 순종하며 정말 뜨겁게 기도해주었다. 며칠 후에 기쁜 소식이 들렸다. 그 부인의 코에서 시커먼 덩어리 몇 개가 빠져나왔다는 것이다. 순간 하나님이 치유해주셨다는 생각이 들었다.

또 어떤 성도는 신앙생활을 불규칙적으로 하는데, 어느 누구도 신앙에 대한 권면을 하지 못했다. 술만 먹으면 교회에 와서 싸움을 했기 때문에 선뜻 나서질 못했다. 한번은 그 분이 저녁에 만나자고 해서 갔더니 맥주를 마시면서 내게 마음의 문을 열고 자신의 고된 삶을 풀어놓았다.

"저 못지않게 고생을 많이 하셨네요."

그 분의 마음을 공감해주며, 이제부터 술은 조금만 드시고 행복한 가정을 만들어갈 것을 권면했다. 이런 식으로 한 명 한 명 다양한 사람들을 만나면서 그들과 대화를 나누는 가운데 복음을 전하고 하나님의 마음을 나누었다. 그들이 하나님을 만나면서 회복되어가는 과정을 보는 것이 귀하고 감사했다.

예수님의 이름으로 다가가면 "다시는 오지 말라"고 하던 사람이 어느 순간 "또 오세요"라고 말하곤 했다. 그들과 함께 호흡하며 나도 살아 계신 하나님을 만났다.

온몸이 만신창이가 되는 아픔을 겪었지만 그 가운데 살아 계신 하나님을 만날 수 있어서 감사했다. 어려운 상황에서 얼룩진 눈물로 만난 하나님이기에 더 감사했고, 남은 삶을 그분을 경외하는 믿음 가운데 살 것을 다짐했다. 그들과 함께 주님을 바라보며 내 마음이 새롭게 되었다. 마치 새 심장을 받아서 바꿔 끼운 느낌이었다.

어디를 가든지 겉모습은 말끔하고 온전한데 우울증으로 고통을 겪는 사람들이 있다. 사람들은 그들을 차별하지만 하나님은 그들을 존귀하게 여기고 사랑하신다. 마음이 아픈 이들에게 전하고 싶은 말은 당신을 향한 하나님의 음성을 기억하라는 말이다. 하나님은 당신에게 이렇고 말씀하고 계신다.

'제발 생명을 포기하지 말거라. 그 자리에 가만히 있거라. 시간이 지나면 환한 빛처럼 회복되는 역사를 경험하게 해주겠다.'

하나님은 반드시 당신을 그리스도 안에서 가장 존귀한 은혜의 자리에 세워주실 것이다.

나는 기적같이 살아서 한국으로 돌아왔다. 돌아와서 기다려준 약혼녀와 결혼식 준비를 했다. 나는 집안의 도움 없이 혼자 학교 기숙사에 머물면서 결혼식을 준비했다. 결혼 준비는 정말 힘들었다. 내가 할 수 있는 부분이 있고, 부모님이 해줄 수 있는 영역이 있는데 그 부분이 채워지지 않으니 때로는 지치고 피곤했다.

'결혼이 이런 것이구나!'

저절로 어머니 얼굴이 떠올랐다.

'어머니가 살아 계셨으면 얼마나 좋았을까? 비록 돈이 없고 가난해도 이렇게 아들이 어엿한 청년이 되어 아름다운 자매와 결혼하는 모습을 보셨으면 얼마나 기뻐하셨을까?'

유난히 어머니의 빈자리가 크게 다가왔다. 사람들이 결혼을 준비하는 과정에서 집안끼리 갈등을 빚으며 상처를 받고 심하면 헤어지기도 하는 일들이 이해되었다. 리포트를 쓰고 시험 준비를 하면서 결혼식을 준비하는 게 여간 힘든 일이 아니었다. 때로는 입이 바싹바싹 말랐다. 약혼녀와 사소한 말다툼이 커질 때는 마음이 너무 힘들었다.

"나를 사랑해서 기다려줬으니, 내 의견을 들어줘요."

"제 입장도 그래요. 저를 사랑해서 결혼하려는 거잖아요."

한번은 말다툼을 한 뒤 서로 휙 돌아서서 각자 지하철 역으로 걸어갔다.

'이러면서 사람들이 이혼을 하고 헤어지는구나.'

이런 생각이 들면서 뒤돌아서서 자매의 이름을 불렀다. 다행히 자매가 뒤돌아보며 반응을 해주었다.

사실 나와 자매와의 의견 마찰보다는 집안 어른의 의견을 무시할 수 없어서 힘든 부분이 많았다. 웨딩드레스와 하객들의 식사 대접, 혼수 준비 등 답이 안 나오는 문제가 많았다.

그래서 우리는 생각을 전환하기로 했다. 결혼식을 준비하는 게 아니라 결혼을 준비하자고 했다. 결혼식을 준비하려면 신혼집, 가구, 살림살이, 예물 등 주로 눈에 보이는 것을 준비해야 하지만, 결혼은 그렇지 않았다. 결혼의 본질은 하나님이 주례자가 되어주시는 거룩한 결합에 있다. 그동안 양쪽 집안에 맡겨둔 반쪽의 접시들을 하나로 맞춰 붙이니 아름다운 금 접시가 되는 그런 결혼을 준비하기로 결정하고 나니 마음이 평안해졌다.

우리는 결혼 비용을 서로 30만 원이 넘지 않는 선에서 하자고 합의했다. 30만 원은 부모님의 옷을 한 벌 해드릴 수 있는 금액이지만, 물질 때문에 본질을 놓치며 불만족스럽게 진행하고 싶지 않았다. 우리는 예물이나 혼수, 결혼식 후 거행되는 폐백 등을 생략하기로 했다. 그렇지만 결혼이라는 게 집안과 집안의 만남이기도 해서 아내 집안 가족들을 설득하는 데 약간의 어려움이 있었다. 나는 가진 것이 너무 없는 가난한 신학생이었을 뿐 아니라 내 결혼 자체가 기적이었으므로 우리 쪽 친척들은 무엇인가를 바라지도 않았다.

결혼 준비는 최대한 가볍고 단순하게 진행했다. 이때 문득 스쳐 지나가는 장면이 하나 있었다. 예전에 누나가 결혼식을 준비하면서 몰래 울던 모습이었다. 누나는 3대 독자에게 시집을 갔는데 우리 집이 가난해서 혼수를 마련할 수 없었다. 그런 모습을 보며 내가 다짐했던 게 있었다.

'나와 결혼하는 여자는 혼수로 성경책만 가져오게 해야겠다.'

그래서 나는 약혼녀에게 그동안 모아둔 게 있으면 부모님께 다 드리고 오라고 했다.

"길러주신 것만으로도 감사하니 인사 잘 드리고, 올 때는 성경책 한 권만 가지고 와요."

이 말이 끝나자마자 자매가 깜짝 놀란 눈으로 나를 보며 말했다.

"저는 늘 성경책 한 권만 가지고 가는 결혼을 하게 해달라고 기도했어요."

둘 다 기도 응답을 받은 것이다.

물질로 결혼하는 것이 아니라 감동이 있고 의미 있는 특별한 결혼을 고민하고 준비하면서 우리는 하나님 앞에 나아갔다. 결혼식에 참여한 하객들이 우리의 결혼을 보면서 하나님을 만나게 되기를 바라는 선교적 의미를 담아 기도하면서 그날을 맞이했다.

새로운 가정을 이루다

결혼식은 내가 다니던 학교에서 하기로 했다. 레드 카펫은 학교 앞 교회에서, 웨딩드레스는 교회의 도움을 받아서 저렴하게 빌렸다. 꽃꽂이는 얼굴도 모르고 한 번도 만나지 않았는데 신학교 입학을 준비하던 교회 옥탑에 살던 청년이 후원한 3만 원으로 준비했다. 주례자 앞으로 올라가는 계단은 학교 측에서 일하는 분들이 장애인이 잘 걸어 올라갈 수 있도록 계단 높이를 낮추어 새로 만들어주었다.

나는 결혼하는 날 학교 세미나실이 가득 차기를 소망했다. 그 앞을 지나가는 거지들도 와서 식사하고 갔으면 좋겠다는 마음이 들었다. 그런데 소원대로 결혼 당일 손님들로 하객석이 꽉 찼다. 많은 이들이 내가 식장으로 걸어 들어가는 모습을 보고 눈물을 흘렸다.

결혼예식 중 대표기도를 해주었던 전도사님은 신학교에 다닐 때 늦은 수업을 마치고 주머니에 있던 백 원짜리 동전 몇 개로 산 사발면을 같이 먹으며 공부한 믿음의 형제였다. 그 형제는 방학 때 기도원에서 40일을 금식하며 나를 위해 기도해주었고, 내가 수술을 받을 때도 기도의 끈을 놓지 않은 고마운 사역자였다. 약혼식 장소도 전도사님의 지하 개척 교회에서 했었다. 나이 차이가 10년 이상 나지만 믿음 안에서 한 형제와 같았다. 전도사님은 내가 걷는 것을 보면서 하나님의 역사에 감격하여 많은 눈물을 흘렸다고 한다.

주례는 나의 믿음의 아버지 되시는 목사님이 해주었다. 그 분은 내가 처음 예수님을 믿고 신앙생활을 하던 교회의 담임목사님으로, 나와 어머니에게 세례를 주신 분이었다. 내가 대수술을 받는 동안 새벽마다 가장 크게 기도로 후원해주며 섬겨주었던 그 교회 성도들이 결혼식에 참석해 감동의 눈물을 흘리며 살아 계신 하나님을 찬양했다.

한국에 선교 훈련 차 오신 외국인 선교사님이 그 나라 말로 특송을 해주었고, 내가 단기선교사로 나가서 섬겼던 청년 지체들이 나에게 연락하지 않고 비행기를 타고 와서 깜짝 축하를 해주어 기쁨이 배가되었다. 여기저기서 사진을 많이 찍어주어서 하객들이 찍은 사진만으로 결혼 기념 앨범이 만들어지기도 했다. 우리의 결혼은 하나님이 준비해주신 축제가 되었다.

참석한 하객들이 우리보다 더 기뻐하는 모습을 보면서 나는 속으로 눈물을 흘렸다. 교회에 첫발을 내딛고 여러 차례 수술을 받으면서

13년 넘게 결혼에 대한 기도를 했다. 어머니도 소천하시고 더 잃을 것도 포기할 것도 없는 인생이었다. 그런 내가 천국 가는 것보다 어려울 것이라고 생각한 결혼을 하게 된 것이다.

하나님의 능하신 손 아래에서 여러 사람들의 축하를 받으며 결혼하는 일이 꿈만 같았다. 나는 하나님이 보내주신 천사보다 아름다운 자매의 손을 잡고 성경책 앞에서 서약을 했다. 그리고 하나님 앞에서 고백하고 결심했다.

'하나님 아버지! 감사합니다. 나를 살려주신 것도 감사하고, 일으켜 세워서 걷게 해주신 것만으로도 충분히 감사한데, 꿈꿀 수 없었던 아름다운 자매와 많은 이들이 보는 앞에서 결혼하게 해주시니 참으로 감사합니다. 지금의 벅찬 마음과 감사하는 마음을 꼭 세상에 되돌려주는 삶을 살겠습니다.'

하나님 앞에서 결혼 서약을 할 때 하늘에서 무엇인가 내려와 우리를 감싸 안아주었다. 그 순간만큼은 이 땅이 아니라 하늘나라 구름 위에 있는 것 같았다.

결혼식을 마치고 학교에서 신혼 첫날을 보낸 뒤, 주일에 교회에서 예배를 드리고 봉사를 한 후 일평생 고생할 아내를 생각하며 신혼여행을 좋은 곳으로 가기로 했다. 하객들의 축의금이 집을 구하는 데 큰 도움이 되었다. 부족한 금액은 은행에 대출을 신청하고 신혼여행을 떠났다.

신혼여행에서 돌아오는 날, 미리 신청했던 은행 대출이 거절될 경우 집을 구할 때까지 나는 학교 기숙사에서 지내고, 아내는 처형 집에서 머물기로 했다. 다행히 은행에서 대출승인을 해줘서 학교 근처에 집을 구하기로 했다.

결혼 후 장모님과 아내로부터 새로운 이야기를 듣게 되었다. 실은 아내가 나를 만나기 전에 꿈을 꾸었는데, 엄청나게 큰 포도 알맹이를 마음껏 따 먹으라는 음성을 들었다고 했다. 그리고 시골에 계신 장모님도 밭에서 일하면서 기도할 때 하나님의 음성을 들었다고 한다.

'하나님 아버지! 평생 하나님만 바라보고 살아가는데 삶이 너무 힘들어 속상합니다.'

'집안에 좋은 일이 있을 것이니 낙심하지 말거라.'

그로부터 얼마 후 아내가 좋은 사람을 만났는데 몸이 불편하다는 소식을 전했다고 한다. 그렇지만 장모님은 주님의 음성을 기억하며 "하나님이 기뻐하는 사람이면 괜찮다"라고 말했다고 한다. 결혼을 앞두고 장모님은 내게 이렇게 당부하셨다.

"우리 집이 돈이 없어서 아무한테나 딸을 시집보내는 게 아니네. 내 딸을 하나님이 쓰시려고 하는데 내가 불순종할 수가 없어서 하나님께 순종하기 위해 보내는 것이네. 그러니 자네도 하나님 마음에 들게 평생 그분 앞에서 사랑하며 살아야 하네."

이 세상 어느 부모가 자녀가 장애인과 결혼하는 것을 환영하겠는가? 장애인과 함께 가정을 이루어 살아간다는 게 결코 쉬운 일이 아니다. 장애인 당사자보다 장애가 없는 아내와 가족들이 지고 갈 짐이 더 크다. 그러나 하나님은 전능하시고 완전하신 분이다. 그분이 창조하신 세계 역시 아름답고 완전하다. 사람들의 발에 밟히는 잡초 한 포기에도 완전한 그분의 뜻이 들어 있기 때문에 가치가 있다.

비전을
따라서

　　　　　　　나는 신대원을 졸업하고 결혼한 지 한 달 후에 의료선교를 준비하면서 의료보조기술을 배우기 위해 평택에 있는 국립한국재활복지대학교 의료보장구학과에 입학했다. 그곳에서 나는 지낼 곳이 없었다. 하지만 나는 그곳을 선교지로 생각하고 무작정 이불만 가지고 내려갔다. 정 잘 곳이 없으면 찜질방에서 자고 강의를 듣겠다는 각오를 하고 갔다.

　학교에 도착하니 어느 학생이 건강 문제로 기숙사에 들어오지 않아서 침대 한 개가 비었다고 했다. 그 학생이 올 때까지 침대를 사용하라는 허락을 받았다. 그렇게 임시방편으로 하나님이 준비해주신 사랑의 이불을 덮고 새로운 학기를 맞이했다.

　주말이면 신혼집이 있는 서울로 올라갔다. 그 길이 얼마나 설레고

좋았는지 모른다. 사랑하는 아내를 생각하면 저절로 함박웃음이 나
왔다.

'나를 기다리는 아내와 가정이 있다는 게 이렇게 좋은 것이구나!'

나에게도 이 소박하고 위대한 꿈이 정말로 이루어지다니 하나님께
감사하지 않을 수 없었다. 하지만 계속 아내와 떨어져 있을 수 없어
서 강의를 마치고 틈틈이 집을 알아보러 다녔다. 하루는 낯선 전화가
걸려왔다.

"안녕하세요? 저는 김 집사입니다. 서울 아무개 전도사님께 연락을
받았어요. 혹시 도움이 필요하시면 언제든지 말씀하세요."

"예, 알겠습니다. 지금 방을 구하고 있어요. 궁금한 점이 있으면 연
락드리겠습니다."

한 달 후 학교 근처에 적당한 집이 나와서 신혼집을 옮겼다. 세탁
기와 냉장고 등이 없어서 비교적 이삿짐이 간단하여 학우 전도사님의
도움을 받아 다마스 한 대로 이사를 했다. 낯선 곳에 짐을 풀자 이상
한 기분이 들었다. 늦은 봄, 아직 눈이 녹지 않은 산에 어색한 풀 한
포기가 남의 밭에 심긴 듯한 기분이 들었다. 하지만 하나님은 내가
어디를 가든지 주의 손으로 보호하시며 인도해주셨다.

낯선 곳에서 임신한 아내와 내가 새롭게 개척하며 살아야 했다. 언
제라도 도움이 필요하면 연락하라고 했던 김 집사님께 방을 구했다
고 연락을 했다. 이사하고 처음으로 우리 집에 온 집사님이 축하한다

며 쌀과 김치를 사가지고 왔다. 그 후로도 어려울 때마다 시의적절하게 많은 도움을 주었다. 지금까지 10년이 넘는 기간 동안 혈육의 관계 이상으로 신경 쓰며 섬겨주고 있어서 그 고마움을 이루 다 말할 수가 없다.

이 일을 네가 해라

동남아시아에서 단기선교사로 사역하고 있을 때 캄보디아로 청년부 수련회를 가게 되었다. 그때 캄보디아 땅에서 하나님이 나에게 맡기신 사역의 방향을 말씀하신 일이 있다.

현지에서 규모가 큰 집회를 인도했는데 참석한 사람들이 집단으로 성령세례를 받게 되었다. 500여 명 되는 마을 사람들 전체가 모여 축제 비슷한 행사가 되었다. 중간에 전기가 나가서 캄캄한데도 사람들은 떠나지 않고 자신의 자리에 남아 있었다. 우리가 준비하고 기대한 것 이상으로 큰 하나님나라의 역사를 체험한 시간이었다.

낮에 식당에서 밥을 먹었는데 한쪽 다리가 절단된 사람이 철 목발을 짚고 문 앞에서 구걸을 했다.

"1달러만 주세요."

1달러를 얻으려고 우리가 밥을 먹고 나올 때까지 두 시간을 기다리고 있었던 것이다. 그와 대화를 나누다 보니 나와 동갑인 것을 알게 되었다. 그는 지뢰를 밟아서 다리가 절단되었는데, 집에 두 명의 자녀가 있다고 했다. 그곳은 먹고살 만한 일거리가 없는 지역이었다. 나는 아무도 모르게 10달러를 주면서 다른 사람에게 말하지 않겠다는 약속을 받았다. 길거리에 있는 다른 사람들이 외국인이 돈을 줬다는 사실을 알면 하루 종일 그 사람이 가는 곳마다 따라다니기 때문이다.

2010년 기준으로 캄보디아 인구는 약 1,470만 명 정도 된다. 그런데 지뢰가 천만 개다. 아픈 마음을 부여잡고 친구처럼 그와 사진을 찍었다. 킬링필드(Killing Fields, 1975년 캄보디아의 공산주의 무장단체이던 크메르루주 정권이 론놀 정권을 무너뜨린 후 1979년까지 노동자와 농민의 유토피아를 건설한다는 명분 아래 최대 200만 명에 이르는 지식인과 부유층을 학살한 사건)가 생각났다.

인구의 3분의 1을 죽였으니, 아직까지도 길거리에 사람 뼈가 얼마나 많은지 모른다. 교실 크기만한 곳에 목만 없는 어린아이들이 300명이나 묻혀 있다고 한다. 팔다리가 절단된 7,8세 아이들이 굴러다니는 휴지조각처럼 길거리에서 서성이는 모습이 보였다. 그때 하나님이 이렇게 말씀하셨다.

'네가 이 일을 해라. 네가 이 아이들에게 의수족(義手足, 의수와 의족을 아울러 이르는 말)을 만들어주어라.'

나는 그 자리에서 픽 웃고 말았다. 사라가 아들을 낳을 것이라는 소리를 듣고 웃은 것처럼 나도 생각없이 웃은 것이다.

'제가 그걸 어떻게 해요? 뭔지도 잘 모르는데요.'

예전에 다른 사람에게도 이런 사역을 해보라는 말을 들었던 기억이 났다. 그때는 아무런 동기부여가 되지 않았다. 그런데 팔다리가 절단된 아이들을 보고 있을 때 하나님이 똑같은 말씀을 하신 것이다. 두렵고 떨리는 마음도 있었지만 내 현실을 바라보며 그저 웃을 수밖에 없었다.

그런데 하나님의 섭리가 놀랍다고밖에 표현할 길이 없다. 내가 결혼하자마자 이 사역을 하기 위해 준비하고 있었기 때문이다. 웃고 넘긴 그 기억 속에 하나님의 계획이 있었음을 깨달았다. 그리고 그 하나님의 음성에 순종하며 그분의 계획 안에 있는 나 자신을 보았다.

사람이 마음으로 자기의 길을 계획할지라도 그의 걸음을 인도하시는 이는 여호와시니라 잠 16:9

보조 수저와 같은 삶

대한민국의 사망 원인 1위는 암이고, 2위는 뇌졸중이라고 한다. 한의학계에서는 뇌졸중(腦卒中)을 '중풍'(中風) 혹은 줄여서 '풍'(風)이라고 하기도 한다.

중풍에 걸리면 후유증으로 손과 발을 사용하지 못하게 된다. 가정형편이 넉넉하지 못한데 부모님이 중풍으로 쓰러질 경우, 생계를 유지하기 위해 자녀가 직장에 다녀야 하기 때문에 환자를 집에 방치시키는 사태가 발생한다.

환자는 손가락 신경이 마비되어 수저를 잡을 수 없기 때문에 스스로 밥을 먹을 수 없다. 이처럼 집에 장애인이 한 명만 있어도 모든 가족 구성원이 고통과 절망에 빠지게 된다. 그리고 이는 더 나아가 그 가정만의 문제가 아닌 지역 사회, 그리고 국가 발전에 문제가 된다.

하지만 희망적인 소식이 있다. 손가락 신경이 마비된 환자라도 적절한 보조기를 사용하면 스스로 밥을 먹을 수 있다. 나는 첫 실습 시간에 의료용 수저를 만들면서 큰 감동을 받았다.

'그래! 나도 이 수저와 같은 삶을 살아야겠다. 남은 인생을 이 보조기처럼 다른 사람을 보조해주는 삶을 살아야겠다.'

컴퓨터 자판을 이용해 글을 쓰고 싶은 사람, 책장을 넘기지 못하는 사람, 밥을 먹기 위해 수저를 잡고 싶지만 신경손상으로 손가락을 움직이지 못하는 사람을 떠올렸다. 그들에게 스스로 독립된 인격체로서 자부심을 갖고 활동할 수 있도록 필요한 보조기를 만들어주어야겠다고 다짐하며 힘겨운 공부를 시작했다.

늦깎이 신혼에다가, 만학도였고 학비와 생활비도 대출로 충당하고 있었다. 아내가 임신을 했는데 나는 학생 신분이어서 가장의 역할을 잘 못하고 미안한 마음으로 열심히 공부만 했다. 나이가 어린 학생들과 함께하지 못하고, 점심을 같이 먹을 사람이 없으니 아내가 싸준

누룽지와 도시락을 혼자 쉬는 시간에 먹기도 했다.

　하지만 더 힘든 것은 사역지가 없다는 점이었다. 교회에서 주는 사례비가 생활에 도움이 되지만 더 중요한 것은 교회에서 사역함으로써 충분히 하나님의 은혜를 누리면서 공부해야 힘이 나기 때문에 빠른 시일 내에 사역지를 구해야 했다. 이를 위해 하나님의 도우심을 간구하고, 의수족 공부를 한 다음에 선교지에 들어가서 쓰임받는 장면을 상상하며 우리 가정을 이끌어가시는 하나님을 바라보았다.

어둠의 땅에 생명의 빛을 전하다

좌절과 절망 속에 탄식하고 있는 사람들에게 예수 그리스도의 생명
의 빛, 진리의 빛이 스며든다. 죽음 가운데 있던 나에게 생명의 빛으
로 찾아오신 주님이 그분을 애타게 기다리고 있는 다른 사람에게 다
가가도록 내가 도구가 되어야겠다는 결심을 했다.

PART 4

하늘에서
뚝 떨어진 선물

나는 결혼 전부터 줄곧 입양을 생각했다. 그 이유는 내 병이 아이들에게 유전될지도 모른다는 두려움 때문이었다. 수십 년 넘게 수술과 투병생활을 반복하면서 고질병 때문에 겪어야 했던 아픔을 자식들에게 물려주기는 싫었다.

두 번째 이유는 그저 하늘만 바라보고 누워 있던 내가 은혜를 입고 주님의 일꾼이 된 것처럼, 아이를 입양해 주님께 쓰임받는 사람이 되도록 키우는 것도 가치 있는 일이라고 생각했기 때문이다. 버려졌던 아이가 믿음의 가정에서 양육되어 파괴되고 망가진 세상을 복구하는 사람이 된다면 얼마나 감사하고 의미 있는 일인가.

결혼 전에 아내와 상의하고 입양에 대해 긍정적으로 생각하고 있었다. 그런데 하루는 이런 생각이 들었다.

'만약 하나님이 장애를 가진 아이를 주신다면 기꺼이 받아야 하지 않겠는가?'

아마도 내가 장애 때문에 일평생 모든 것을 잃어버리고 아파했던 경험이 있어서 주저하는 마음이 들었던 것 같다. 그래도 하나님을 생각하며 긍정적으로 생각을 정리했다.

그러자 하나님이 우리 가정에 허니문 베이비를 주셨다. 첫아들을 선물로 얻게 된 그날을 생각하면 너무 감격적이어서 아직도 온몸이 떨린다. 분만실에서 얼마나 많은 눈물을 흘렸는지 모른다.

'어떻게 내가 이렇게 귀한 생명을 얻게 되었을까!'

하나님이 하늘에서 '뚝' 떨어뜨려준 선물 같았다. 사망의 늪에서 헤매던 나에게서 새 생명이 나왔으니 그 감격이 오죽하겠는가. 이 아들은 나의 아들이 아닌 하나님의 생명이었다.

아기의 탯줄을 직접 끊는 순간, 지난 수십 년 동안 살아온 인생의 기억들이 스쳐 지나갔다. 내가 어린 시절 깁스를 하고 누워 있었을 때와 가족과 떨어져 외할머니 댁에 잠시 머물던 시절에 연탄가스를 마셔서 정신을 잃었던 기억이 떠올랐다. 길거리에서 쓰러져 응급실로 실려가 도살장 같은 수술실로 들어가던 기억도 떠올랐다. 그리고 그 수술실에서 내 영혼을 푸른 초장으로 인도해주신 주님의 은혜가 생각났다.

하나님의 생명의 역사를 직접 눈으로 목격하니 저절로 찬양이 나왔다. 하나님의 은혜를 받게 되고 주님을 경외하게 되면서 이렇게 엄청난 복을 경험하게 해주신 하나님의 이름을 찬양했다. 하찮아 보이는 생명이라도 위대한 창조질서 안에 있게 하시니 그분의 지혜와 넘치는 은혜에 감탄하지 않을 수 없었다.

깊도다 하나님의 지혜와 지식의 풍성함이여 롬 11:33

마음에 기대감이 생겨서 자녀계획을 세 명으로 잡으면서, 하나님이 허락하시는 대로 그 선물을 받기로 했다. 첫아기가 출생할 때 아내는 노산에다 가장인 나는 학생이어서 걱정이 됐었다. 이런 마음을 알고 아내는 둘째 아이는 계획임신을 하고 싶다고 말했다. 그런데 그 말이 떨어지기 무섭게 둘째를 선물로 받게 되었다. 나는 아내를 향해 웃으면서 말했다.

"무엇이든 사람이 하는 게 아닌 것 같아요. 특히 생명은 더욱 그런 것 같아요."

"저도 그런 생각을 하고 있었어요."

"지금보다 시간이 흐르면 하나님의 뜻을 더 잘 이해하게 되겠죠."

그렇게 우리는 다시 한 번 새 생명의 기쁨을 만끽하면서 웃고 또 웃었다.

아들 둘을 낳은 후에도 입양에 대한 마음이 쉽게 사그라지지 않았다. 그런데 선교지에서 아내가 허리 디스크를 앓게 되고, 몸에 연달아 종양이 생기면서 입양에 대해서는 보류하게 되었다.

어쩔 수 없이 입양을 보류했지만 늘 마음 한구석에는 버려진 아이들을 향한 아련한 아픔이 떠나지 않고 있다. 받은 은혜가 커서인지 하나님의 사랑에 대한 빚진 마음도 크다. 내가 양육해야 할 영혼이 나를 기다리고 있는 것 같아서 그들을 만나고 싶은 마음이 좀처럼 가라앉질 않는다.

자식까지 이어진 수술

내가 살아온 삶의 절반이 넘는 시간들을 병원에서 수술받고 투병 생활하는 데 사용했다. 강한 항상제를 셀 수 없이 투여받고 다른 사람들의 혈액을 수혈받으며 각종 약물을 복용하는 가운데 엑스레이와 MRI 촬영을 하면서 내 몸은 모든 병의 온상이 되었다.

하나님이 첫아이를 주셨을 때, 아기가 어떤 모습으로 태어날지 정말 궁금했다.

'혹시 장애를 가진 기형아로 출생하면 우리 가정이 잘 감당할 수 있을까?'

내 몸을 생각하고 아기를 생각하면 또 다른 절벽에 선 것처럼 암담했다. 매일 임신한 아내의 배에 손을 얹고 기도했다. 드디어 아기가 건강하게 태어났을 때, 갓 태어난 아기도 울고, 아내와 나도 기쁨의 눈물을 흘렸다.

그런데 자세히 보니 아기가 너무 가냘팠다. 모유수유를 할 때마다 아기가 불편한 듯 거칠게 울었다. 생후 3개월 정도 되었을 때 며칠 동안 계속 설사를 했는데, 기저귀에 혈변이 묻어 나왔다. 근처 병원을 다녀도 호전되지 않아서 다른 병원을 갔는데 일종의 장염 증세로 판단하여 비슷한 약만 처방해주었다.

"아기가 모유를 잘 먹지도 못하고 혈변을 계속 싸요."

소아과에 기저귀를 가져가서 의사에게 혈변을 보여줬다.

"이건 혈변이 아닙니다. 너무 걱정하지 마세요."

우리는 의사의 말을 믿고 안심했다. 그런데 일주일이 지나도 아기가 울음을 그치지 않고 상태도 악화되어 서울 삼성병원 응급실에 입원하여 진찰을 받았다. 생후 3개월 된 영아라서 링겔 주삿바늘을 발바닥에 꽂고 기본적인 검사를 실시했다.

의사는 우리에게 이렇게 말했다.

"장에 문제가 있는 것 같아요. 너무 어려서 조심스럽지만 내시경을 장에 넣어서 조직검사를 해봐야 할 것 같습니다."

항문을 통해 내시경을 삽입해 장속을 들여다보니 온통 빨간색으로 물들어 있었다.

"단백질 알러지입니다. 모유는 단백질로 되어 있습니다. 그래서 아기가 엄마 젖을 먹으면 장 속에 알러지 반응이 생겨 출혈이 일어났던 것입니다. 아기가 배가 고파서 울기도 했겠지만, 장에 출혈이 생겨서 울었던 것입니다."

너무 속상한 일이었지만, 아기가 우는 원인이 밝혀져 그나마 안심이 되었다. 단백질은 뇌 기능을 향상하고 피와 살 등 신체 조직과 성장 유지에 매우 중요한 필수영양소이다. 아기에게 단백질이 공급되어야 뇌와 뼈, 근육 등의 신체가 건강하게 성장한다.

의사가 우리에게 대안책을 알려주었다.

"앞으로는 모유나 일반 분유를 먹이시면 안 됩니다. 좀 힘들더라도 특수 분유를 먹여야 합니다."

"특수 분유를 먹이면 괜찮아지는 겁니까?"

"예, 괜찮아질 거예요."

특수 분유는 단백질 알러지가 있는 아기들을 위해 만든 대체 분유였다. 가격이 비싼 건 둘째 치고 분유가 써서 아기가 먹기 힘든지 자꾸 뱉어버려서 난감했다.

아기가 크면서 여러 가지를 검사한 결과, 선천적으로 단백질 알러지가 있는 데다가 비염과 기관지염 등 나의 안 좋은 유전인자를 물려받고 태어난 것을 알게 되었다. 그래도 결정적으로 내 다리의 희귀병을 이어받지 않아서 매우 감사했다.

첫아이가 걷기 시작할 때 둘째 아이를 선물로 받았다. 첫아이 때도 그렇고 둘째 아이 때도 딸을 기대했는데 아들을 주셨다. 게다가 너무 못생겨서 우리는 잠시 안 좋은 표정을 지었다. 얼마 후에 하나님께 죄송한 마음이 들었다. 생명이라는 경이로운 선물 앞에서 외모에 대한 평가는 너무 사치스러운 요소였기 때문이다.

둘째 아이의 건강은 양호해 보였다. 하지만 고환이 잡히질 않아서 대학병원에 가서 초음파검사를 했다.

"오른쪽은 스스로 자리를 찾아올 것 같은데 왼쪽은 수술을 해서 밖으로 꺼내야 할 것 같습니다. 그냥 발견하지 못한 채 방치되면 아예 없어지거나 종양이 되기도 합니다."

"그럼 어떻게 수술해야 하나요?"

"아기가 너무 어려서 아직 전신마취를 할 수 없습니다. 최소한 생후 6개월이 되어야 전신마취를 하고 수술을 할 수 있을 것 같습니다."

나는 수술이라는 말을 듣자마자 너무 속이 상했다. 아이들이 건강하지 못한 내 유전자를 물려받은 것 같아서 마음이 씁쓸했다.

나도 모르게 눈물을 흘리며 이렇게 기도했다.

'하나님 아버지, 차라리 아기 대신 저를 수술대 위에 올려주세요. 아무것도 모르는 갓난아이가 어떻게 이 큰 수술을 감당할 수 있겠습니까?'

가슴이 무너져 내리는 것 같았다. 반평생을 넘게 받은 수술을 내 인생에서 끊어야 하는데, 또다시 아기에게까지 수술이 이어지는 것을 보니 그 어떤 말도 할 수 없었다.

'하나님, 이 가련한 생명을 불쌍히 여겨주세요. 하나님이 치료해주셔야 합니다. 제가 어떻게 여기까지 온 줄 아시지 않습니까!'

나에게 마취와 수술이라는 말은 지옥보다 더한 고통을 주기 때문에 그저 부르짖으며 울 수밖에 없었다.

하나님 앞에 부르짖으며 울다 보니 어느 정도 마음이 가라앉았다. 나는 마음을 추스르고 수술 날짜를 기다리면서 좌로나 우로나 치우치지 않는 마음을 갖기 위해 노력했다. 이런 어려움을 통해 부모로서 가슴앓이를 하며 하나님 아버지의 마음을 조금씩 알아갔다.

시간이 흘러 둘째 아이가 6개월이 되면서 수술할 날이 되었다. 우리 부부는 아이를 품에 안고 두 손을 꼭 붙든 채 기도했다.

'하나님 아버지께서 주신 어린 생명을 믿음으로 잘 키워서 이 세상에 빛이 되는 자녀로 키우겠습니다. 하나님이 수술하는 의사의 손에 함께하셔서 직접 간섭해주세요.'

아기를 안고 수술실에 들어가서 마취를 하고 잠이 들 때쯤 나왔다. 자연스럽게 믿음의 조상 아브라함이 떠올랐다. 그는 인간의 시각으로 봤을 때 아이를 얻을 수 없는 나이에 외아들을 얻었다. 그렇게 얻은 아들을 하나님의 말씀에 순종하여 산 제물로 바치기 위해 모리아산으로 올라가는 그의 발걸음이 어땠을까?

여호와께서 이르시되 네 아들 네 사랑하는 독자 이삭을 데리고 모리아

나는 아기를 안고 모리아산으로 올라가는 아브라함의 심정을, 독생자 아들 예수 그리스도를 안고 갈보리 언덕을 올라가는 하나님 아버지의 심정을 조금이나마 느끼고 있었다. 또한 같은 과정을 겪고 있는 다른 사람들의 아픔을 헤아릴 수 있을 것 같았다.

한두 시간이 지난 후 수술실에서 나온 아기의 얼굴을 보니 빨갛게 부어올라 있었다. 아직도 마취에서 깨어나지 않은 아기의 얼굴을 보니 눈시울이 붉어졌다.

지금도 지구촌에 얼마나 많은 연한 새순 같은 아기들이 병으로 고통당하고 있는지 모른다. 우리나라 소아암 병동에서 투병하며 몸부림치는 어린아이들을 보면 마음에 눈물이 흐르는 게 인지상정이다. 그저 아이가 건강하게 커주기만 해도 감사한 일이다.

부모는 아이가 건강을 잃었다가 되찾는 과정을 통해 인생을 배우는 것 같다. 하나님 앞에서 자신의 믿음을 달아보고, 다른 사람들의 아픔을 보면서 영혼의 시야가 넓어지는 것 같다.

'왜 사랑의 하나님이 이런 병과 고난을 허락하시는 것일까?'

이 질문에 대해 명쾌하게 대답할 수는 없다. 하지만 어려움을 겪으면서 각자 자신을 돌아보고 깨닫게 되는 진리가 있는 것만은 사실이다. 그래서 아픔과 고난 중에 하나님을 만난 사람은 가슴에 십자가를 향한 깊은 사랑의 흔적을 지니고 산다. 어려움이 겹겹이 쌓일수록 영혼은 하나님을 향해 더욱 순결한 모습으로 바뀌어간다.

　우리 가족도 마찬가지였다. 이 과정을 통해 나와 아내, 아기는 모두 하나님께 감사 찬양을 부르기 위해 지음 받은 피조물이며 선택받은 백성이라는 사실을 다시 한 번 깨닫게 되었다.

목사 안수를 받다

      의수족 공부를 위해 평택에 내려가게 되면서 집 근처에 있는 가까운 교회에 가서 예배를 드렸다. 그러다가 우연한 기회에 교인들 앞에서 간증을 하게 되었고, 감사하게도 나를 통해 하나님의 은혜가 흘러가는 것을 볼 수 있었다.

    2006년 새해가 다가오자 교회는 새로운 직분자들을 세우기 위해 준비했다. 약 8개월 동안 나와 아내를 지켜본 한 부목사님이 전도사 직분에 대한 의향을 물어보기 위해 우리 집에 심방을 왔다. 목사님은 집안 형편과 지금 하고 있는 공부에 대한 비전 그리고 몸이 어떻게 아픈지 물어본 후 고개를 끄덕이며 돌아갔다.

    얼마 후 나의 기대와 달리 전도사 직분을 줄 수 없게 되었다는 연락을 받았다. 당회가 열려 장로님과 부목사님들이 전도사 직분을 주고 선교사로 파송하기 위한 제안에 찬성했는데 담임목사님이 반대했다고 한다. 담임목사님이 반대했다는 말을 들으니 참으로 마음이 아팠다. 나는 예의를 갖추어 담임목사님을 찾아뵙고 앞으로의 계획을 말씀드렸다. 그것은 다른 교회에 가서 전도사 사역도 감당하고 공부도 병행하겠다는 내용이었다.

그러자 목사님은 버럭 화를 내면서 이렇게 말씀하셨다.

"그런 몸으로 아동부 사역을 할 수 있겠어요? 차량 운행은 어떻게 하려고요?"

목사님의 질문에 거리낌 없이 속마음을 털어놓은 게 후회가 되었다. 하지만 나는 처자식이 있는 35세 가장이었다. 가장으로서의 역할을 뒤로한 채 가만히 손을 놓고 있을 수는 없었다. 단순히 생계유지를 위한 목적 외에도 다른 이유가 있었다.

"목사님, 사역을 하면서 받는 사례비도 생활을 위해서 필요하지만, 저에게는 하나님의 일을 하면서 받는 은혜가 더 필요합니다. 신학 공부와 달리 이 공부는 은혜를 받지 않으면 할 수 없습니다."

내게 제일 중요한 것은 공부와 선교가 아닌 바로 하나님의 은혜임을 말씀드렸다. 이야기를 마치고 나는 지역 노회 사무실을 찾아갔다. 그곳에서 추천해주는 교회에 갔더니 담임목사님이 근처에 있는 다른 교회를 소개시켜주셨다.

나는 최종적으로 소개받은 교회를 찾아갔다. 교회가 없을 것 같은 외딴 시골에 규모가 큰 교회가 자리하고 있어 놀랐다. 목사님께 전화로 인사드린 후, 약속 시간을 잡고 찾아뵈었다.

목사님은 나를 보자마자 이렇게 말씀하셨다.

"그런 몸으로 선교를 나갈 생각을 하다니 귀하네요. 건강한 사람들도 힘든데…."

"아, 네."

"다음 주에 주일예배 드리러 오실래요?"

그리고 공석이었던 교육전도사 자리를 맡겨주셨다. 목사님의 손녀와 우리 큰아이의 나이가 같았는데 목사님은 손녀에게 줄 아기 용품과 쌀을 우리에게 주셨다. 힘들고 지친 인생의 고갯길에서 만난 따뜻한 손길이었다. 나는 목사님을 생각할 때마다 돌아온 탕자를 맞아주신 따스한 아버지 품이 떠오른다. 한곳에서 문전박대를 받고 아파했는데 다른 한곳에서 기회를 주고 위로의 손길로 은혜를 베푸는 모습을 통해 나의 상황을 뛰어넘는 하나님 아버지의 섭리를 느낄 수 있었다.

이 교회에서는 새벽예배를 5시와 6시, 두 번 드렸는데 목사님이 방학 때마다 일주일간 전도사인 내게 새벽예배 설교를 맡겨주었다. 그때의 설교 훈련을 통해 내게 주신 하나님의 은사를 발견하고 계발하는 시간을 가질 수 있었다. 목사님은 내 설교에 대해 칭찬해주고 지적하여 보완해줌으로써 당신보다 뛰어난 설교자가 되라고 격려를 아끼지 않았다. 목회 현장에서 선배 목사님의 훌륭한 모습을 보는 후배는 큰 깨달음을 얻게 된다. 이렇게 훌륭한 목사님 아래에서 사역할 수 있다는 것이 그 무엇과도 바꿀 수 없는 복이었다.

또한 새벽에 누리는 은혜를 통해 몇 개월 동안 공부로 지친 몸과 마음이 회복되는 기분이었다. 영적인 세계는 깊이 들어갈수록 신비스럽다. 나의 짧은 언어로 표현할 길이 없어서 그저 '은혜'라고 고백할 뿐이다.

어느 날 새벽예배를 마친 후 연로하신 권사님이 내가 걷는 길이 육신의 눈으로 볼 때는 험한 길처럼 보일 수 있지만, 영적으로 생각해보면 기쁨의 길이라고 말씀하셨다.

"전도사님은 하나님이 말씀으로 인도해주시고 의로운 오른손으로 붙드시는 분이라 걱정이 안 됩니다. 힘내시고 승리하세요."

한 주간의 새벽예배를 마치고 나면 때때로 권사님들이 직접 재배한 상추를 책상 위에 두고 갔다. 그렇게 나는 하나님과 사람의 은혜를 받아가며 한 단계 한 단계 성장하는 시간을 보냈다.

그리고 드디어 2007년 봄에 목사 안수를 받게 되었다. 내가 목사가 되기까지 수많은 그리스도인들의 희생과 기도, 수고와 헌신이 있었다. 내 인생은 9회말 2아웃 2스트라이크 3볼에서 역전 만루홈런을 친 것이나 다름없었다.

예수님을 믿고 10년 동안은 육체적으로 전보다 더 힘든 삶을 살았다. 어머니가 돌아가시고 2년도 안 되어 앉은뱅이가 되었고 삶은 거기서 끝인 것만 같았다. 하지만 하나님의 은혜로 회복되었고 이후 누나를 통해 대출받은 돈으로 신학교에 갈 수 있었다. 빌린 돈은 주경야독하면서 매달 10만 원씩 10년 동안 갚았다. 40년 동안 죽음의 위기를 겪고 고통 가운데 힘들어할 때, 함께 눈물을 흘려주고, 기도해주며, 생필품을 갖다주고, 수혈해주며 병문안을 와주었던 많은 분들의 사랑 덕분에 목사 안수를 받는 날을 맞이하게 되었다고 생각하니 가슴이 벅차올랐다.

담임목사님은 내가 목사 안수를 받자마자 주일 2부 예배 설교자로 세워주셨다. 나는 토요일부터 주일까지 딱 2시간만 자면서 첫 설교를 준비했다. 나를 여기까지 인도해주신 하나님의 은혜를 생각하니 눈물이 났다. 그때 나는 〈은혜〉라는 시를 썼다. 내가 쓰는 것이 아니라 성령님이 내 안에서 시를 솟아나게 해주시는 것 같았다.

오랜 역사를 스스로 쓰신 은혜
흙먼지로 나를 만드신 은혜

내 눈물 떨어질 때마다
하늘의 별 하나 더 반짝이고
주님의 눈물 세상에 보내실 때마다
죄인의 눈물이 강이 되어 돌아오네.

푸른 하늘이 주님 마음 담을 수 없고
넓은 바다가 주님 은혜 헤아릴 수 없듯
내 생각 아버지 은혜 더욱 헤아릴 수 없네.

베풀어주신 은혜 먹으며
셀 수 없는 은혜 세어가며
내 머리 하얗게 되듯
주님 은혜로 만년설 덮으시네.

내 인생 헤아릴 수 없는 고통이 흘러도
받은 그 은혜
인생의 밥알보다 많고
은혜의 산 곱이곱이 넘을수록
내 한숨 지치지 않네.

이 세상 모든 것 다 놓치고 실패해도
은혜만은 꼭 챙겨먹는 객지생활 되게 하소서.
은혜 앞에서 나 작은 겨자씨 되게 하소서.

떠나는 날

　　나는 의수족 관련 공부를 하면서 장애를 겪지 않았거나 가족 중에 장애인이 없을 경우에는 이런 이야기가 멀게 느껴진다는 사실을 알게 되었다. 특별히 신앙인들과 공감대를 형성하는 것이 쉽지 않았다. 교회와 연합해서 일을 진행해야 하는 내 입장을 이해하는 사람이 없었다. 홀로 외롭게 이 산을 넘기에는 지치고 버거웠다.

　　교회에 사표를 내서 후원 교회가 없어지자 거의 1년 동안 집에서 예배를 드렸다. 모아둔 생활비로 선교 현장을 다녀오기는 했지만 만약에 나를 선교사로 파송해줄 교회를 찾지 못한다면 국내에서 사역을 해야겠다고 생각했다.

　　이쯤 되니 하나님께 약간 어리광을 부리고 싶은 마음이 생겼다. 해외로 나가는 것이 너무 힘들게 느껴졌다. 선교사를 파송하기 위해 단 몇 사람을 뽑는데 80명 넘게 원서를 접수했다는 어느 교회에 나도 원서를 넣었다.

모든 것을 주님께 맡기고 나는 여수행 기차를 타고 한국 의수족 역사가 흐르는 애양원으로 향했다. 천천히 박물관에 있는 모든 내용의 글을 다 읽었다. 두 아들의 장례식장에서 유학을 가려고 준비하던 아들이 미국보다 더 좋은 천국으로 간 것에 대해 감사한다고 말한 순교자 손양원 목사님의 기록을 읽으면서 눈물을 흘리지 않을 수 없었다. 애양원에서 새로운 깨달음을 얻었다.

'애양원에 이런 역사가 있었구나. 내가 선교를 준비하며 여기까지 내려와서 움직이는 것도 하나님의 섭리 안에 있었구나. 내가 계획하고 움직이는 것조차 다 하나님의 자비구나.'

애양원에서 하룻밤을 묵고 올라오는 기차 안에서 하나님이 주시는 감동으로 〈떠나는 날〉이라는 시를 한 편 썼다.

기차 안에 내 인생 싣고 떠나는 날
그것이 새로운 시작인 줄 나 몰랐었네.

가도 가도 끝이 보이지 않는
컴컴한 이 밤이 아침을 여는 시작인 줄 나 몰랐었네.

새벽 종소리에 담겨진 순교의 얼을 들으며
첫 아침의 공기를 만나는 이 시간이
새순이 돋는 시작인 줄 나 몰랐었네.

내 인생 모퉁이에서 쓰러질 때
그것이 희망의 시작인 줄 나 몰랐었네.

내 몸에 남겨진 상처의 자국들이
예수님 십자가의 흔적이 될 줄 나 몰랐었네.

마지막 인세(人世)의 길에서 떠나는 그날이
천세(天世)로 들어가는 시작인 줄 나 몰랐었네.
나 떠나는 날 알게 하소서.

이 시를 쓰는 중에 갑자기 아내에게서 전화가 왔다.
"여보세요?"
"여보, 합격이에요! 교회에서 합격했다고 연락이 왔어요. 며칠 후에
인성면접이 있다고 연락왔어요."
아직 인성면접을 통과한 것은 아니지만 마음이 두근거리고 기뻤다.
'진짜 선교를 가게 되는구나.'

이제는 전진할 일만 남았다. 후원 교회가 나타나지 않으면 나가지 말아야겠다고 생각했는데, 합격 소식을 들으니 새로운 각오가 생겼다.

'내 몸을 한번 불사르게 던져보자. 짧은 인생을 후회 없이 주님께 드려보자.'

하나님이 어떻게 인도하시든지 내 인생을 온전히 그분께 맡기고 싶었다. 아직은 가능성이 생겼다는 소식이었지만 내게는 굉장히 희망적인 사건이었다.

1차 서류 전형에 합격하고 2차 면접을 보는데 질문 내용이 굉장히 많았다. 한 목사님은 느닷없이 영어로 질문을 하셨다. 갑자기 당황이 되면서 여기서 떨어질 수도 있겠다는 생각이 들 찰나에 이런 음성이 들렸다.

'사람 앞에서 위축될 것 없다! 전혀 겁낼 것 없다!'

놀라서 흐트러진 정신을 다시 가다듬고 대답을 했다. 지금까지 내 인생을 하나님이 인도해주셨으니 앞으로의 선교도 책임지고 인도해주실 것이라는 믿음을 또박또박 확실하게 밝혔다.

내 손에
쥐어준
하나님의 지팡이

　　　　　　　　야간 학부를 7년만에 마치고 신대원 시험
에 합격한 후 일 년 단기선교 면접을 볼 때 목발을 문 앞에 두고 면접
을 봤다. 졸업 후 현장에 나가기 위해 인성면접을 볼 때도 마찬가지였
다. 목발을 본 사람들은 한결같이 다음과 같은 말을 했기 때문이다.

　"힘든 몸으로 선교를 할 수 있겠습니까? 가능합니까?"

　나는 이런 질문을 수도 없이 들었고 늘 벽에 부딪히는 듯한 좌절을
맛보았다.

　'혹시 마지막 관문까지 통과됐는데 다리가 불편하다는 이유로 불
합격하게 되면 어떻게 하지?'

　사람들의 편견은 한 사람을 살릴 수도 있고 죽일 수도 있다. 물론
현상적인 모습을 보면 염려가 되겠지만 그리스도인이라면 다시 한 번

하나님의 입장에서 바라보고 말하는 습관을 지녀야 한다. 믿음의 눈은 현실적으로 눈에 보이는 외적인 현상을 뛰어넘기 때문이다.

나는 하루, 한 달, 일 년, 십 년, 수십 년 동안 죽음의 시간을 견디며 마지막 남은 용기를 끌어모아 믿음으로 살았다. 휠체어를 타다가 목발을 짚고 여기까지 견디며 간신히 힘겹게 살아왔는데, 하나님 한 분만 바라보며 이겨낸 과정을 무시받는 것은 슬픈 일이었다.

'목발을 짚고 있는가? 그냥 걷는가?'

'다리가 짧은가? 긴가?'

'잘 걷는가? 못 걷는가?'

오랫동안 이런 기준으로 평가받다 보니 몸으로 부딪히는 일이 힘들었다. 세상에 중요하지 않은 게 어디 있겠는가? 하지만 이 세상에서 진짜로 중요한 가치가 그것일까. 나는 진정 중요한 것은 사랑이 담긴 말 한 마디와 이해해주고 격려하는 작은 배려, 생명을 존중하며 함께 살아가야 한다는 마음가짐이라고 생각한다.

하나님은 몸이 약하거나 병들거나 가진 재물이 없어도 있는 모습 그대로 받아주신다. 약한 도구일지라도 하나님의 살아 계심을 드러내기에 부족함을 느끼지 않으신다. 하지만 사람들은 종종 완벽하게 다 갖춰놓은 후 그 속에서 하나님의 임재와 역사를 기대한다.

철저하게 준비하는 것이 잘못된 것은 아니지만, 하나님이 해야 할 영역까지도 사람이 앞서서 판단하며 결정하는 우를 범할 수 있다. 하나님은 약자, 장애인과 나그네, 고아와 과부 등 힘이 없는 사람들을 불쌍히 여기시고, 그들 속에도 하나님의 뜻을 담아놓으셨다.

하나님이 주신 훈장

나는 기적같이 10여 년 만에 병상에서 일어나 걸었다. 어느 날, 야간 수업을 마치고 자동차를 운전하며 집으로 돌아오는데 보조석에 있어야 할 목발이 보이지 않았다. 나는 순간 내 전부를 잃어버린 것 같아서 떨리는 마음을 주체할 수 없었다. 마치 성경책을 잃어버렸을 때와 똑같은 느낌이었다.

'내 목발이 어디 있지? 하나님, 제 목발이 없어요. 어떻게 해요?'

나는 얼른 차를 돌려서 다시 학교로 갔다. 차에 올라타면서 다른 차 옆에 잠시 기대두었다가 가지고 타는 것을 잊어버리고 만 것이다. 목발을 다시 찾으니 마치 내 두 다리를 찾은 것처럼 반가웠다. 잃어버렸다가 다시 찾은 자식을 만난 것처럼 마음이 뭉클하기까지 했다.

'하나님, 찾아주셔서 감사드려요!'

목발을 못 찾을까 봐 얼마나 가슴이 두근거렸는지 모른다. 너무 오랫동안 가지고 다녔고, 이제 잘 걸을 수 있으니 버려야겠다는 생각을 한 적도 있다.

'왜 이렇게 안절부절못하며 사는 걸까? 목발 없이도 살아갈 수 있지 않을까?'

그런데 막상 현실이 되니, 내 마음이 정반대로 움직였다. 수십 년간 몸에 지니고 다닌 목발은 단순한 이동수단이 아니었다. 이미 내 몸 안에 있는 심장이나 뼈, 인대 같은 신체 일부로 내 삶에 깊숙이 자리 잡아 버린 것이다.

어느 날 문득 이런 생각이 들었다.

'어린아이가 물에 빠졌는데 밧줄도 없고 손을 내밀어도 건져줄 수 없는 안타까운 상황이 생겼을 때, 내 목발을 내밀어 아이를 건져준다면 이보다 더 의미 있는 119 사닥다리가 어디 있겠는가?'

내 약함을 통해서도 하나님이 일할 수 있다고 믿는다. 내가 가진 목발은 나와 동일한 모습으로 살아가는 장애인들과 그 가족들에게 더 가까이 다가갈 수 있는 축복의 통로가 된다. 이런 모습으로 다른 사람을 만나서 작은 힘이 되어준다면 이것보다 더 감사할 일이 어디 있겠는가?

나에게 목발은 내가 이동할 때 필요한 지팡이가 아닌, 하나님이 살아 계셔서 내 손에 쥐어주신 하나님의 지팡이였다.

> 모세가 그의 아내와 아들들을 나귀에 태우고 애굽으로 돌아가는데 모세가 하나님의 지팡이를 손에 잡았더라 출 4:20

나는 하나님이 이스라엘 백성을 광야에서 구름기둥과 불기둥으로 친히 인도해주신 것처럼, 내 몸에 친히 임재해주셔서 나를 인도해주고 계심을 확신한다. 내 몸 자체가 내 인생의 광야처럼 느껴지지만 하나님의 구름기둥과 불기둥을 의지하기에 낙심하지 않는다. 마치 하나님이 나에게 이렇게 말씀하시는 것 같다.

'이것을 가지고 살아가라. 네 손에 쥔 목발은 그 어떤 다리보다 튼튼하게 너의 뼈를 보호해줄 것이다. 이것은 내가 너와 함께한다는 표징이니 어디를 가든지 가지고 다니거라! 누가 네게 어떻게 해서 그런 몸이 되었느냐고 물어보거든 하나님이 친히 영광을 드러내기 위한 계획을 네 몸속에 담아놓았다고 담대하게 외치거라!'

병든 다리로 인해 나의 반석이신 하나님을 더욱 신뢰하게 되었다.

만약 하나님이 지금처럼 걷게 해주시지 않고 휠체어에 앉아서 사는 것을 원하셨다면 그대로 살았어도 좋았다. 주님이 주신 기쁨만 빼앗기지 않으면 된다. 지금 나에게 목발은 단순한 목발이 아니라 하나님이 훈장처럼 주신 하나의 상징이다. 하나님을 더욱 의지하게 만들고, 그분이 나에게 주신 은혜를 기억하게 하며, 어느 순간부터 신체의 일부가 되어 없어서는 안 될 고마운 친구 역할을 하고 있다.

의사가 되려면 이론 공부를 7년 동안 하고 인턴과 레지던트 과정을 밟아야 한다. 교수님의 지도 하에 수술실에 들어가서 꿰매고 찢어보며 보조 역할을 하는 가운데 배우고 익혀야 하는 것이다. 마찬가지로 나도 의수족에 대한 이론과 실기를 다 배워서 이제 연대 세브란스병원, 재활병원, 중앙보훈병원, 여수 애양원 같은 곳에서 실습을 해야 했다. 그런데 장애를 가진 마흔 살 학생이 하나님의 선교에 동참하는 것이 꿈이라고 하니 다들 부담스러워했다.

3년 동안 학교에서 배운 이론과 실기 기술로 현장에서 딱 1년만 일해도 자신감을 얻을 수 있을 것 같은데 의수족을 공부한 목사님을 만날 길은 요원했다.

'의수족에 대해 공부한 사람을 만나서 함께 봉사하게 된다면 얼마

나 좋을까?'

나는 세계 각국에서 온 사람들을 만날 때마다 의수족 일을 하는 사람에 대한 정보를 물으면서 한 가지 단서를 붙였다.

"의수족 관련 봉사를 하되, 믿음이 있어야 합니다."

그러면 이런 질문이 되돌아왔다.

"하나님을 믿지 않는 사람은 안 되나요?"

"안 되는 건 아니지만, 믿음으로 봉사하는 사람을 만나고 싶어서요."

이유는 간단하다. 아무리 기술이 좋고 뛰어날지라도 기본적인 마음 자세와 인생의 목적이 다르면 동역하는 것이 쉽지 않다. 한 명은 돈을 목적으로 일하고, 다른 한 명은 돈보다 생명을 우선순위에 둔다면 두 사람 사이에 갈등이 생길 수밖에 없다. 이 일은 이익을 목적으로 하는 게 아니라 손해를 보더라도 하나님께 영광을 돌리고자 하는 본질을 붙들고 가야 하는 일이어서 믿음의 사람과 동역하고 싶었다.

오래전에 이런 일을 했던 분은 1961년부터 1980년까지 20년 동안 애양원 원장으로 섬겼던 토플 선교사이다. 그와 네덜란드의 선교사들이 애양원에 와서 수십 년 동안 의수족을 가르쳐주며 의료선교를 했다. 그곳에서 의수족 일을 배운 집사님들이 몇 분 있었는데 그 가운데 한 분이 장로님이 되었고, 아프리카에 단기선교를 다녀온 후 은혜를 받아 다른 나라에 선교하러 갔다는 말을 들었다.

우여곡절 끝에 그 장로님과 연락이 닿아 선교 현지에서 만나기로 했다. 나는 한국에서 4시간 동안 비행기를 타고 그 지역으로 갔고, 그분 역시 4시간 동안 비행기를 타고 와서 약속한 장소에서 만났다. 그분 밑에서 배우며 선교 현장에서 일하고 싶다고 하자 흔쾌히 응했다. 나는 처음에 캄보디아에 들어가려고 했었는데 그 분을 만나게 되어 함께 동역하기 위해 나라를 바꾼 것이다. 그런데 2008년 5월 12일, 바로 그곳에서 대지진이 일어났다.

그 지역으로 가기 전, 아내에게 했던 말이 떠올랐다.

"여보, 나는 내 인생에서 큰 전환점을 맞이할 때마다 눈앞에 큰일들이 일어나곤 했어요. 10년 만에 걷게 되어 단기선교를 하러 갈 때 사스가 유행해서 굉장히 힘들었는데 이번에도 어떤 형태로든 영적인 싸움이 있을 것 같아요."

이번에는 세계 역사에 기록될 만큼 큰 지진이 일어났다. 지진으로 인해 현지에 있던 사람들도 잠시 안전을 위해 몸을 피했기 때문에 외부에 있던 사람들은 그 현장으로 들어가는 일을 자제했다.

현실을 보며 내 마음에도 작은 소용돌이가 일었다.

'가야 하나, 말아야 하나? 들어가 있는 사람도 나오는 이때에 굳이 이제 막 기어다니는 아이를 데리고 들어가야 하는가?'

아직 어린 자녀를 생각하니 잠시 마음이 무거웠다. 그렇지만 하나님께 기도하는 중에 다시금 결단하며 고백할 수 있게 되었다.

'나는 의수족 일을 하러 들어가는 것도 아니고, 그곳 사람들을 만나기 위해 들어가는 것도 아니다. 내가 그곳에 들어가는 이유는 오직 하나님을 만나기 위해서다.'

현지에서 의수족과 관련된 병원의 외관은 80-90퍼센트 정도 완성되었다. 그런데 내가 들어가기 직전 현지인 합작법인의 마찰로 인해 완공이 미뤄지더니 결국 개원이 불가능한 상태에 이르렀다. 현지에서는 이런 상황인데도 들어올 거냐고 거듭 내 의사를 확인했다. 나는 하나님의 응답을 받았기에 망설이지 않고 들어가겠다고 했다. 병원이 잘되어 많은 이익을 내려는 목적으로 가는 게 아니어서 주저할 이유가 없었다.

이 일이 일어나기 몇 달 전 선교훈련을 마칠 때쯤 아내와 나눴던 대화가 생각났다.

"여보, 우리가 선교지에 들어가기로 한 날짜가 다가오고 있어요. 우리 목숨을 아까워하거나 죽음을 두려워하지 않는 마음으로 선교지에 가는 거지요?"

"당연하지요. 우리는 주님만 보고 나가기로 했잖아요. 어떻게 그런 각오도 없이 선교지에 가겠어요?"

위험한 상황에서도 하나님을 의지하며 주님의 방법을 신뢰하며 나아가는 것이 우리 그리스도인의 삶이다.

믿음은 시련을 통해 정금같이 변화되며 자란다. 어려움을 뚫고 나온 사람은 그것을 믿음으로 견뎠기 때문에 그 어려움보다 더 단단하고 강해진다. 그러면서 믿음이 업그레이드되고 넓은 마음을 소유하게 된다. 비닐하우스에서 자라는 식물은 매일 물과 비료 등을 알맞게 주며 환경을 만들어주어야만 살 수 있다. 그런데 산에서 자라는 나무는 비바람이 불면 나뭇가지가 부러지기도 하고 태풍이 불면 뿌리까지 뽑힐 수 있는 위험요소를 안고 있다. 그래도 끝까지 견디면 장성한 나무가 된다. 사람도 마찬가지다. 하나님을 바라보며 어려움을 뚫고 성장하여 시냇가에 심은 나무처럼 축복의 통로가 될 수 있다.

> 그는 시냇가에 심은 나무가 철을 따라 열매를 맺으며 그 잎사귀가 마르지 아니함 같으니 그가 하는 모든 일이 다 형통하리로다 시 1:3

어떤 날은 소리 없이 하나님을 간구하고 어떤 날은 눈물로 그분 앞에 나아가며, 여러 모양으로 하나님을 찾고 앙망하였다. 겉으로 보이는 모습은 왜소하고 부러질 것처럼 보잘것없지만, 나의 뿌리는 생명의 근원 되신 그분께 연결되어 있다. 변하는 현실 대신 주님이 주신 약속을 기억하며 사는 것이 중요하다.

나만 있으면 되지 않니?

다시 이야기의 본론으로 돌아가자면, 우리와 함께 일하기로 한 의수족 관련 일을 하시는 장로님의 부인이 현장에서 3년 동안 함께하다가 병이 났다. 그래서 장로님 부부는 귀국한 후 1년 동안 고향 병원에서 치료를 받았다. 장로님 부부는 회복을 경험한 후 우리가 있는 곳으로 들어오지 않고 전에 사역했던 아프리카로 가면서 나에게도 아프리카로 오라고 했다. 그러나 나는 그간 하나님이 깨닫게 하신 진리를 주목했다.

'사람을 보고 따라가면 넘어진다. 사람이 나의 목자가 될 수는 없다. 나의 영원한 목자는 주님이시다.'

내가 의료기술을 배워서 들어갔지만 그것은 표면적인 도구에 불과했다. 하나님의 속뜻은 깊은 데 있었다. 만약에 하나님이 아닌 사람의 뜻을 따라서 움직인다면 일이 변경되었을 때 내 계획도 변경해야 한다. 그렇지만 나를 인도하시는 분은 하나님이시기에 나는 다시 하나님께 여쭤보았다. 하나님이 그곳에 나를 보내신 뜻을 알기 위해 간구하자 그 뜻을 가르쳐주셨다.

'너에게 중요한 것은 의료기술이 아니란다. 네가 기능적으로 부족해도 괜찮단다. 나만 있으면 충분하지 않니?'

하나님은 나를 타 문화권에서 하나님의 증인이라는 깃발로 사용하기를 원하셨다. 나는 땅에 꽂혀 있는 깃발에 불과하고 하나님이 그 뒤에서 역사하고 계시니 기쁨으로 나아가는 것은 당연하다.

내 자아가 죽어가는 순간 거기서 진정한 기쁨을 만날 수 있었다.

내가 그리스도와 함께 십자가에 못 박혔나니 그런즉 이제는 내가 사는 것이 아니요 오직 내 안에 그리스도께서 사시는 것이라 이제 내가 육체 가운데 사는 것은 나를 사랑하사 나를 위하여 자기 자신을 버리신 하나님의 아들을 믿는 믿음 안에서 사는 것이라 갈 2:20

그것은 세상이 주는 기쁨과는 차원이 다른 하나님이 주신 진정한 기쁨이었다.

아내가 쓰러지다

현지에 도착한 지 일 년도 안 되었을 때의 일이다. 어느 날, 아침이 되었는데도 아내가 일어나지를 못했다. 단순히 몸살을 앓는 줄 알고 대수롭지 않게 생각했는데, 하루 이틀이 지나도 회복되지 않았다. 며칠 동안 계속 자리에서 일어나지 못했다. 오히려 점점 더 의식을 잃어갔다. 아내는 스스로 일어나서 화장실에 가는 것도 힘들어 했다. 나는 우는 아이를 돌보고 아내를 걱정하느라 정신이 없었다.

'하나님, 어떻게 된 일입니까? 이게 웬 날벼락입니까?'

쓰러지거나 아픈 일은 나의 전유물인 줄 알았다. 하지만 생각지도 못했던 아내가 쓰러지자 집안 전체가 무너지는 것 같았다. 순간, 늦었을지도 모르지만 고국으로 돌아가 병원에서 정밀 검사를 받아야겠다는 생각이 들었다. 급히 비행기 표를 구했다. 휠체어를 밀어주는 현지인들의 도움을 받아 아이들과 함께 버스를 타고 이동하여 비행기를 기다리기 위해 줄을 섰다. 아내와 나는 휠체어에 앉은 상태에서 아이들을 한 명씩 안고 있었다. 그런 우리 가족을 많은 사람들이 신기하다는 듯 구경하고 있었다.

나는 이런 모습이 익숙하지만 아내가 휠체어에 앉아서 이동하는 모습을 보자 미안한 감정이 물밀듯이 밀려왔다. 부족한 나를 만나서 고생하는 것 같아 마음이 아팠다.

나는 하나님께 마음으로 기도했다.

'하나님, 이런 모습은 저 하나로 족합니다. 잘못한 게 있다면 모든 아픔과 심판을 제게로 돌리시고 아내는 다시 건강한 모습을 찾게 해주세요.'

그동안 아내는 혼자 어린아이들을 양육하고, 남편의 두 다리 역할을 하며, 소소한 일들을 전부 감당하느라 많이 힘들었을 것이다.

"여보, 미안해. 내가 못나서 이렇게 된 것 같아."

"아니에요, 여보! 당신은 아무것도 잘못한 게 없어요. 하나님이 치료해주실 거예요! 너무 걱정하지 마세요."

해맑게 웃는 아내의 영혼이 순결하게 다가왔다. 청결한 마음을 갖고 있는 아내 앞에 서면 나는 작은 소년이 된다. 아내의 성품은 천사도 부러워할 것이라는 생각을 하며 살며시 미소를 지었다. 고국 땅에 도착하자 아내가 고개를 들면서 말했다.

"여보, 숨 쉬기가 참 편해요."

우리는 곧장 대학병원 응급실로 향했다. 아이들은 지인들에게 맡기고 나는 응급실에서 아내의 병간호를 했다. 아내는 몇 주 동안 검사를 받으면서 조금씩 안정을 되찾았다.

검사 결과, 위에 생긴 작은 종양은 그대로였는데, 갑상선에서 종양이 새로 발견됐다. 피로와 스트레스가 쌓여 몸과 마음이 탈진된 결과였다. 잠시 휴식을 취해야 할 타이밍이었다.

선교지에서 고집을 부리며 계속 현장에 있었으면 검사도 못 받고 불안정한 가운데 병을 키웠을 수도 있는데, 한국에 들어와서 다행이었다. 이런 계기를 통해 몸을 치료하며 소중한 것을 되돌아보는 시간을 가질 수 있었고, 열정적으로 일을 하되 분별력을 가지고 몸과 마음을 컨트롤하며 감당해야 한다는 사실을 깨닫게 되어 감사했다.

아이가 수술받았을 때도 그랬지만, 아내가 쓰러졌을 때도 차라리 병원의 단골손님인 내가 대신 아픔을 겪고 싶었다. 아픈 게 생활의 일부가 되어서인지 다른 사람이 아픈 모습을 보면 내가 더 마음이 아프다. 3개월 동안 아내는 고향에 내려가서 어머니가 정성들여 만들어주신 음식을 먹고 마음 편히 쉬면서 완전히 건강을 되찾았다.

다시 현장으로 들어가기 위해 준비하는데 장모님이 말씀하셨다.

"꼭 들어가야겠나? 애들도 너무 어리고 애 엄마도 좀 더 쉬었다가

가면 안 될까?"

"장모님, 마음이 아프신 거 압니다. 하지만 저희는 하나님이 기다리시는 곳으로 가야 해요. 너무 염려하지 마세요. 장모님의 기도가 가장 큰 힘이 되고 든든한 후원이 될 것입니다. 늘 기도하면서 기다려주시면 우리 모두 건강한 모습으로 다시 돌아올 수 있을 거예요."

"권 서방이 하나님께 충성하는 걸 어떻게 막겠나? 날마다 기도할 테니 몸 건강히 잘 다녀오게."

인간적으로 아쉬운 마음을 뒤로하고 우리는 다시 현장으로 돌아갔다.

선교 현장에서 무슨 일을 하든 하나님이 이끌어가신다는 사실을 기억하며 우리는 어린아이처럼 그분을 신뢰하며 따라갔다. 일을 감당할 때도 관계의 문제를 해결할 때도 하나님을 먼저 생각하며 움직였다.

어느 날 부엌에서 설거지하는 아내를 보면서 말했다.

"내가 설거지 해줄게."

아내가 웃으면서 말했다.

"당신이 설거지를 한다면, 그것은 '해주는' 게 아니라 당신 일을 '하는' 거예요."

나는 걸어가다가 전봇대에 부딪힌 것처럼 정신이 번쩍 들었다. 아내의 말이 맞았다. 나는 그동안 도와준다는 생각으로 가정일을 해왔다. 그것은 내가 당연히 해야 할 일이었는데 말이다.

어디에서 무슨 일을 하든지 그 일이 내가 당연히 해야 할 일이라는 주인의식을 가지고 한다면 축복된 일이다. 특히 가정에서는 더욱 그렇다. 이웃을 섬기는 것도 중요하지만, 먼저 가까운 내 가족을 돌아보고 섬겨야 한다. 행복과 불행을 결정하는 요소는 먼 곳에 있지 않다. 가장 가까운 곳에 주님도 계시고 원수도 있다.

가족 구성원 가운데 단 한 명이라도 아프면 온 가족이 마비된다. 나는 가족이 얼마나 중요한지를 새삼 되새기며 마음 자세를 바로잡았다. 눈앞에 있는 작은 것을 소홀히 하면 멀리 있는 큰 것을 볼 수 없다는 것도 깨닫게 되었다. 그렇게 실패와 아픔 속에서 우리 가족은 조금씩 순결하게 연단되고 있었다.

첫 번째
제자

나는 현지 대학에서 언어를 배우면서 자
연스럽게 학생들과 교제하게 되었고, 그들을 집으로 초대했다. 처음
만난 학생은 자매였는데, 성격이 좋아서 소통이 잘되었다. 1년 동안
좋은 관계로 지내다가 드디어 성탄절에 복음을 전했다. 그동안 복음
에 대해 한 마디도 꺼내지 않고, 서로에 대한 신뢰가 쌓일 때까지 기
도로 준비했다. 나는 선물로 줄 성경책 안에 요한복음 3장 16절 말씀
과 함께 그 학생의 이름을 적고 하나님이 제일 사랑하신다는 내용의
편지를 써서 넣었다.

하나님이 세상을 이처럼 사랑하사 독생자를 주셨으니 이는 그를 믿는
자마다 멸망하지 않고 영생을 얻게 하려 하심이라 요 3:16

그리고 준비한 100개의 성경구절 카드와 선물을 건네며 예수님에 대해 이야기했다.

"이런 예수님을 네가 믿을 수 있겠니?"

"네, 믿을게요."

"우리가 서로 친하니까 거절하는 게 미안해서 믿겠다고 말했을 수도 있겠지만, 나중에 꼭 이 성경책을 읽어봤으면 좋겠어. 네가 지금까지 찾고 추구하던 진리가 여기 들어 있어. 이 책을 통해 네가 진짜 예수님을 만나고 인생의 가치를 찾을 수 있을 거라고 믿어."

성경책을 선물로 준 후, 주중에 성경공부를 하고 예배를 드리게 되었다. 자연스럽게 그 자매는 아내에게 진로와 결혼에 대한 상담을 하기 시작했다. 그리고 얼마 후 세례를 받겠다고 했다. 그곳에서 처음으로 세례를 베푸는데 계속 눈물이 났다.

누구든지 첫사랑을 비롯해 처음 겪는 사건들은 쉽게 잊을 수 없다. 나 또한 현지에서 처음으로 복음을 전하고 성경공부를 시키며 세례를 베푼 이 학생을 잊을 수 없다. 자매에게 사람이 아닌 하나님 아버지를 따라 살 것을 강조했다.

"지금 내가 너에게 성경을 가르쳐주고 세례를 주지만 사실은 내가 아니라 하나님이 주체가 된다는 사실을 잊어서는 안 돼. 우리에게 성경을 이해할 수 있도록 돕고, 세례를 베풀어주시는 분은 하나님이야. 나도 예전에 다른 사람을 통해 성경을 배우고 사랑을 받았지만, 그 사람 뒤에는 언제나 하나님이 함께한다는 사실을 잊지 않으려고 노력했어."

"그럼, 하나님이 저를 사랑하신다는 말인가요?"

"그렇지! 내가 너에게 해주는 건 사실 아무것도 없어. 내가 그분의 도구가 되어 전달해주는 역할을 하고 있을 뿐이야."

우리는 믿음 안에서 새로 태어난 날을 축하하며 케이크에 초를 하나 꽂고 축하해주었다. 이후에도 나는 이 자매가 미래에 믿음으로 가정을 이루고 국가를 위해 중보기도하는 영적인 지도자가 될 것을 확신하며 성경을 가르쳤다.

"어려울 때 세상길로 가지 말고, 주님의 뜻을 따라 선택하는 훈련을 했으면 좋겠어. 그 과정을 통해 믿음이 성장할 거야. 이 사실을 꼭 기억했으면 좋겠어!"

"매 순간 선택의 갈림길에서 믿음을 최우선순위에 두고 살게요."

이렇게 첫 번째 제자를 세우고, 매년 학생들을 한두 명씩 선별해서 어느 정도 관계가 견고해졌을 때 복음을 전하고 성경공부를 시작해서 하나님의 말씀으로 그들을 양육하기 시작했다.

가장 긴장되는 순간은 마지막에 세례를 베풀 때이다. 우리가 복음을 전한다는 사실을 정부 당국이 알게 되면 현장을 급습하여 잡아간다. 우리는 감시에 대한 두려움을 안고 복음을 전하며 세례를 베풀었다.

장애인들과의 만남

현지에 도착한 후에 만난 아이 중에 지진 피해로 두 다리를 잃은 여자 중학생이 있었다. 의수족 문제로 병원에 갔다가 그곳에서 근무하던 직원이 나에게 지진으로 인해 정신적인 고통은 겪고 있는 아이가 있는데 내가 만나주면 위로가 될 것이라고 했다. 그 말이 마음에 울려 몇 시간에 걸쳐 힘들게 그 아이를 만나러 갔다. 그곳은 1950년대 폐허가 되어버린 우리나라 농촌의 모습과 흡사했다. 지진으로 집이 다 무너져서 새로 짓고 있었다.

그 아이는 대인기피증과 우울증을 앓고 있어서 몹시 쇠약해진 상태였다. 열다섯 살 된 어린 소녀가 허리 밑이 절단되었는데 어떻게 스스로 정신을 추스를 수 있었겠는가. 한참 멋도 부리고 이성에도 관심이 많은 예민한 사춘기 시절에 두 다리를 잃었으니, 세상의 모든 꿈도 송두리째 잃었을 것이다. 또한 학교 교실에서 공부하던 중에 건물이 무너지면서 옆에 있던 친구들이 땅속으로 묻히는 모습을 두 눈으로 보고도 정신이 멀쩡하다면 그게 더 이상할 것이다.

처음에는 일본을 비롯한 각국 외신들이 몰려와서 사진을 찍고 인터뷰를 했다. 그런데 시간이 지나고 나니 단 한 명도 찾아오지 않았다. 아이는 자신이 광고 대상에 불과했다는 사실을 깨닫고 더 큰 상처를 받았다. 그래서 아무도 만나지 않고 지냈는데 내가 장애인이라는 이야기를 듣고 마음을 연 것이다.

처음부터 복음을 이야기하기에는 무리가 있었다. 그래서 내가 걷지 못했던 때의 이야기를 들려주었다. 그러자 아이는 물론이고 어느새 아이 엄마가 옆에 와서 듣고 있었다. 아이 엄마에게도 복음을 전해야 할 필요가 있었다. 그래야 장애를 겪게 된 딸을 올바르게 양육하며 아이의 마음을 위로해줄 수 있기 때문이다. 나는 아이 엄마에게 작은 소리로 말했다.

"엄마가 바뀌어야 딸이 삽니다. 엄마가 어떻게 교육하느냐에 따라 딸이 회복되느냐 마느냐가 결정됩니다. 복음으로 생각의 틀을 바꾸고 아이를 대해야 합니다."

아이 덕분에 그 엄마와 계속 만남을 유지할 수 있었다. 그들을 알고 지낸 지 어느덧 4년이 되어간다. 요즘 아이의 엄마는 내 아내에게 '언니'라고 부르면서 전화로 상담을 한다.

"요즘 애가 너무 힘들게 해요. 말도 안 듣고 나만 없으면 아무것도 못한다고 떼를 써요. 어떻게 해야 할지 모르겠어요. 나도 힘들어서 더는 못 받아주겠어요."

"아마 외출을 제대로 못해서 더 그럴 거예요. 자주 밖으로 나가서 바람도 쐬고 사람들도 만날 수 있도록 도와주세요."

사실 어떤 말을 해야 위로가 될지 모른다. 시간이 많이 필요하다. 그리고 시간이 흘러서 마음이 정리된다면 좋겠지만, 그렇지 못한 경우도 많다. 부모는 아이의 이야기를 들어주는 것 자체가 마음을 위로

해주고 스트레스를 풀어준다는 사실을 기억해야 한다.

나는 그 소녀를 통해 다른 장애인들을 계속 만나게 되었다. 그들에게 당장 의수족을 마련해줄 수는 없지만 주님을 소개하며 복음 안에서 건강한 마음을 소유하도록 도와주었다.

장애인을 신앙으로 양육하며 돌보는 것은 쉬운 일이 아니다. 일단 선교지에서 장애인을 만나기도 어렵거니와 장애인 한 명을 만나려면 휠체어를 밀어주거나 운전을 도와주는 가족이나 봉사자 등 비장애인이 최대 네 명은 붙어야 한다. 관계가 유지되어 그의 가족을 알게 되고 또 다른 장애인이 연결되어서 좋았지만 한편으로는 너무 눈에 띄는 모임이 될 수 있었다.

내가 있는 지역은 외국인이 현지인에게 복음을 전하는 것은 불법이기 때문에 발각되면 잡혀간다. 그렇게 되면 수년 동안 밭을 경작하고 씨를 뿌리며 수고롭게 한 영적 농사를 한순간에 망칠 수 있다. 더군다나 나는 목발을 짚고 다니기 때문에 더욱 주의를 해야 했다. 결국은 하나님만 바라보며 의지하는 수밖에 없다.

내가 꿈꾸는 장애인 공동체의 비전은 그들 스스로 '독립된 인격을 갖고 하나님을 만나러 걸어가고, 하나님을 찬양하며, 하나님과 평생 동행하는 삶을 사는 것'이다. 세상에 태어날 때는 낮은 자리에서 태어나 아픔 가운데 성장하지만 가장 행복한 하나님의 사람으로 살아갈 권리가 있다. 나와 같이 말이다.

그들은 심령이 가난해서 작은 것에 감사할 줄 안다. 한번은 내게 고맙다고 5시간 이상 버스를 타고 고향에서 수확한 농산물을 들고 온 사람도 있었다. 선물보다 값진 그의 마음이 참으로 귀했다. 소박한 그들의 눈과 마음에 하나님의 사랑이 아련하게 묻어 있다.

가진 게 없고 약할지라도 어린아이처럼 선한 마음으로 웃고 감사하며 작은 관심에도 큰 기쁨을 느끼는 그들이 세상 속에서 함께 살아주는 것 자체가 인류에게 축복이다. 그들과 함께 있으면 세상에 대한 욕심을 내려놓고 하나님 안에서 진정으로 풍요로운 부자가 되는 법을 깨닫게 된다. 왜곡된 세상에서 동심을 자극하며 삶의 소중한 가치들을 일깨워주는 그들은 하나님이 이 세상에 심어놓은 천사다.

　　　　　2013년, 봄이 여름으로 바뀌고 있는 아
침이었다. 누워 있는데 침대가 덜컹 움직였다. 몇 번의 지진을 경험했
지만 본능적으로 엄청난 지진임을 직감했다. 고열에 시달리며 힘들게
잠이 든 막내를 데리고 밖으로 나가야겠다는 생각이 들었다. 큰아이
는 주말마다 한글을 배우러 아침 일찍 나가서 집에 없었다. 막내를
데리고 문을 열고 나오는데 복도 벽에 붙어 있던 타일이 와르르 쏟아
져내렸다.

'아, 이제 죽었구나!'

순식간에 이런 생각이 들었다.

"여보, 아이들 데리고 계단으로 내려가요!"

아내를 향해 크게 소리치며 나는 엘리베이터로 향했다. 아니나 다

를까 엘리베이터를 타는 순간, 누군가 뒤에서 내 목덜미를 잡았다. 이웃에 사는 현지인이 내가 위험할 거라고 판단하여 도와주려고 했다. 하지만 나는 그의 손을 뿌리치고 엘리베이터를 탔다. 사실 지진이 났을 때 엘리베이터를 타는 건 위험하다.

'마음은 감사하지만, 저는 계단으로 가다가 죽든지 엘리베이터에서 떨어져 죽든지 똑같습니다.'

목발을 짚은 나로서는 사람들이 쏟아져나오는 계단으로 가다가 넘어질 확률이 더 크기 때문이다. 엘리베이터가 덜컹거리기는 했지만 무사히 1층으로 내려왔다.

사람들의 눈동자가 겁에 질려 있었다. 얼굴색이 하얗게 변해서 눈앞에 있는 계단 문도 열지 못하고 벌벌 떨고 있었다. 지진에 대한 경험이 있던 사람들이라 극심한 공포에 빠져 있었다. 공부하러 가던 큰아이는 버스가 흔들리자 다시 집으로 돌아왔다. 막내는 원숭이처럼 엄마에게 달라붙어서 큰소리로 울면서 말했다.

"엄마, 우리 이제 천국에 가는 거예요?"

"아니야. 지금 곧장 가지 않고 이 땅에 조금 더 머물다가 갈 거야."

아이들은 사람들이 아우성치는 모습을 보면서 우리가 곧 죽어서 천국에 갈 것이라고 생각한 모양이다.

진앙지는 우리가 사는 곳에서 차로 몇 시간 떨어진 동네였다. 그곳은 땅이 갈라지면서 마을 전체가 폭삭 무너졌다. 수많은 사람들이 죽거나 부상을 당했다. 마음이 너무 아팠다.

 같은 동에 사는 이웃 아주머니가 자신의 집 벽에 금이 간 곳을 보여주었다. 그것을 보고 무서워서 우리 가족은 저녁 늦게까지 집으로 들어가지 못하고 밖에서 하루를 보냈다. 그리고 다음 날부터 집에 들어갔지만 밤이 되어도 깊은 잠을 이루지 못했다. 생각을 안 하고 싶어도 몸속에 있는 공포의 기운이 빠져나가지 않아 계속 위험한 생각에 사로잡혔다.

 재해가 발생한 후 막내는 2주 동안 잠을 자지 못하고 밤에 불을 끄지 못하게 하며 엄마 품에 꼭 안겨 있었다. 눈에 아른거리는 무서운 광경 때문에 불안해서 잠을 이루지 못했다.

 '이러다 또 지진이 나면 어떡하지?'

 어른인 우리도 불안해서 마음이 흔들리는데 어린아이들은 어떻겠는가? 지진 중심에서 사고를 당한 사람들의 충격은 더 클 것이다. 집안 대대로 살던 땅이 갈라져 부모가 다치거나 형제들이 빠져죽는 것을 보면서 어떻게 온전한 정신을 유지할 수 있겠는가? 어떤 부모는 자식을 구해보겠다며 손에 피가 나도록 흙더미를 파헤치기도 했다. 충격이 너무 커서 자살하거나 정신질환을 앓는 사람도 많았다.

 어느 집은 아이가 방에 있는데 지진이 나서 완전히 무너져버렸다. 아버지는 자식이 살아 있을지도 모른다며 희망의 끈을 놓지 않고 사력을 다해 이웃 사람들과 함께 5시간 동안 흙더미를 파헤쳤다. 그 결과 죽음 직전에 있던 아이를 꺼내는 놀라운 일도 있었다.

또 다른 이웃의 아주머니는 몇 년 전 대지진 때 아들을 잃었는데, 이번에 난 지진으로 마지막 남은 고등학생 딸마저 땅속에 묻었다고 한다. 같은 장소에서 똑같은 사고를 당했지만 누구는 살고, 누구는 죽었다. 인간은 삶과 죽음 앞에서 숙연해질 수밖에 없다.

이 지진이 일어난 다음에 얼마 동안 잇따라 일어나는 작은 지진(여진)이 3천 번이나 발생했다는 통계가 나왔다. 말 그대로 재앙이었다. 이곳은 우리나라 남한 면적의 6배가 넘고 인구가 1억 명이 넘는다. 큰 지진이 나면 적게는 백 명, 많게는 천 명, 만 명 단위로 사람이 죽는다. 또 언제 지진이 일어날지 모르니 전반적으로 공포가 서려 있다.

지진이 나면 건물이 무너지면서 콘크리트 잔해에 깔리는 사람들이 많다. 지진이라는 재난의 특성상 돌이나 구조물에 생존자들이 충분히 깔려 있을 수 있다. 이곳에서 2008년에 리히터 규모 8에 달하는 대지진이 일어나서 공식적으로 8만 명이 넘는 사망자가 발생했다. 그러나 공식적인 발표를 믿는 사람은 없고, 실제 사망자 수는 15만 명 이상 달하는 것으로 알려져 있다.

당시 지진 발생 20일이 지난 뒤에 구조된 학생도 있었다. 땅속에 묻혀 있지만 어딘가에 살아 있는 아이가 애타게 구조되기를 기다리고 있다는 생각에 사람들은 잠을 이루지 못했다.

현지 외교부 대변인은 2013년 4월 20일에 발생한 지진에 대해 다음 날 전 세계에 공식적인 발표를 했다.

"우리는 다른 나라의 물질과 모든 외국인 의료진의 도움을 받지 않고, 자체적으로 해결하겠습니다."

아무리 도우려는 마음이 있어도 외국인은 그 지역에 들어가지 못하게 막았다. 그러나 복음은 지진의 여파보다 더 강력하다. 외국인, NGO가 들어갈 수 없는 곳에 내가 들어갈 수 있는 문이 기적처럼 열렸다. 나는 정부에서 나온 통행증을 가지고 지진 발생 지역에 들어가서 하나님이 일하시는 현장을 보았다. 그곳에서 만난 사람들은 흡사 하늘나라의 비밀결사단과 같이 땅 밑(지하)에서 그 지역 사람들을 섬기고 있었다.

하나님은 지진이 발생한 다음 날부터 나에게 구조를 기다리는 어린아이의 손을 계속 보여주셨는데, 시간이 흐르자 그 이유를 알게 되었다. 먼저는 땅속에 갇힌 그 한 사람이 바로 나 자신임을 알게 되었다. 이 세상의 잔해더미 속에 갇혀 있던 나를 꺼내주신 하나님이 이제 그 사람들을 꺼내주라는 사명을 나에게 주신 것을 알게 되었다.

또한 한 영혼의 소중함을 다시금 깨닫게 하셨다. 우리가 아는 바와 같이 한 영혼이 천하보다 귀하다. 한 영혼이 살아나야 한다. 죄에서 우리를 구원해주신 하나님이 우리에게 위험에 빠진 자를 건져주라고 말씀하신다. 지금 우리 주위에 육신적인 질병을 앓고 있거나 정신적으로 연약한 지체들이 얼마나 많은가? 나의 손을 붙들어주신 하나님의 손을 그들도 붙들 수 있도록 도와줘야 한다. 나의 손을 내밀어 꺼져가는 생명을 붙잡아주어야 한다. 꺼져가고 있는 생명을 구경만 하고 있어서는 안 된다.

우리는 가족이라는 공동체 안에서 안전하게 지내고 있다. 그러나 큰 지진 같은 위기를 만날 때가 있다. 그때 힘들어서 포기하고 싶더라도 조금만 더 참고 기다려야 한다. 그러면 하나님이 보내신 누군가가 와서 도움의 손길을 내밀 것이다.

또한 우리에게는 어둠에 갇힌 영혼들을 찾아가서 위로할 사명이 있다. 우리가 도와준 영혼이 모세처럼 위대한 사람이 될지 누가 알겠는가. 더 중요한 것은 예수님이 잃어버린 한 마리 양을 찾기 위해 지금도 일하고 계신다는 사실이다.

> 너희 중에 어떤 사람이 양 백 마리가 있는데 그중의 하나를 잃으면 아흔아홉 마리를 들에 두고 그 잃은 것을 찾아내기까지 찾아다니지 아니하겠느냐 … 내가 너희에게 이르노니 이와 같이 죄인 한 사람이 회개하면 하나님의 사자들 앞에 기쁨이 되느니라 눅 15:4,10

예수님이 십자가를 지심으로 사망과 어둠에 갇혀 있던 영혼들을 생명과 빛으로 인도하셨다. 죽음이 결코 우리를 파멸시킬 수 없다. 십자가에 달리신 예수님이 우리를 사랑하며 보호하기 때문이다.

수많은 위기를 넘기다

나는 20년 전에, 아니 어머니 배 속에서 이미 죽었어야 할 사람이다. 이후로도 숱하게 죽음의 위기를 넘겼다. 지금까지 살면서 크고 작은 어려움을 많이 만났지만 나는 살아남았고 넘치는 은혜를 받으며 하나님의 일을 증언하는 자로 서 있다.

> 내가 죽지 않고 살아서 여호와께서 하시는 일을 선포하리로다 시 118:17

아무리 절망스런 상황이라도 죽지 않고 살아서 은혜를 받는 것이 중요하다. 죽을 것 같은 상황을 주님 앞에 아뢰며 '살려달라'고 울부짖으면, 죽음의 공포 속에 한줄기 빛이 임하여 문제더미 속에 갇혀 있는 우리에게 주님이 손을 내밀어주실 것이다. 아무리 커다란 문제가 우리를 진동하며 흔들어도 복음의 여파는 우리를 더 강하게 에워싸고 있다는 사실을 기억해야 한다.

내가 수많은 위기를 넘기고 지금까지 살아 있는 것은 끝없이 손길을 내민 하나님의 사랑과 믿는 사람들의 도움 덕분이다.

생명은 하나님 손에 달려 있다. 내가 살고 죽는 문제는 하나님의 결정에 달렸다. 육신이 약해져 힘이 없고 환경이 어려워지더라도 하나님이 말씀하실 때까지는 우리 스스로 생명에 대해 판단할 수 없다. 하나님이 이 세계를 다스리시고 생명을 주관하신다. 참새 한 마리도 그냥 떨어지지 않는다. 우리는 늘 하나님의 은혜를 기억하고 믿음의 불씨를 잘 관리해야 한다.

건강하다고 하나님의 일을 할 수 있는 것이 아니다. 하나님의 일은 믿음과 열정으로 감당할 수 있다. 이 믿음과 열정은 우리의 것이 아니라 하나님이 부어주시는 것이다. 우리는 다만 깨어 있어야 한다. 그리고 내 옆에 있는 한 영혼을 귀하게 여겨야 한다. 작고 보잘것없어 보여서 쉽게 지나칠 수 있는 그 사람 안에 하나님의 섭리와 은혜가 담겨 있음을 기억해야 한다. 항상 깨어서 믿음을 지키고 작은 것을 소중히 여기며 감사하는 마음으로 살다보면 은혜는 뜻하지 않은 때에 당신 앞에 다가와 있을 것이다.

하나님의 승리

      우리 가족이 집으로 들어간 다음 날 여진이 일어나서 다시 건물이 흔들렸다. 아내와 아이들은 두려움에 떨고 있었다. 내 안에 두 가지 생각이 싸우기 시작했다. 공포나 두려운 생각에 사로잡히게 되면 열정적으로 선교하며 전진하기가 어렵다.

      '지금 아이들이 다섯 살, 일곱 살인데 내가 순교하게 되면 어떻게 될까?'

      그렇지만 곧 처음 장기 선교사로 이 땅에 들어올 당시 품었던 생각이 떠올랐다.

      '내가 여기에 죽으러 왔지, 살러 온 게 아니다!'

      마음을 굳건히 하여 아내에게 유언을 남기고 재해 현장을 돕기 위해 집을 나섰다. 현장에 도착하는 날 갑자기 큰 여진이 발생해 사람들은 건물 밖으로 피했다. 그렇지만 나는 비가 오면 맞을 수밖에 없듯이, 어떤 액션도 취할 수 없었다. 불행 중 다행으로 우리 건물은 무너지지 않았는데 바로 옆 건물이 무너져 많은 아이들이 다쳤다.

그런 위험한 순간을 지나 지금 여기까지 왔다. 하나님께 감사하지 않을 수 없고, 기도해주시는 분들에게 감사하지 않을 수 없다. 나에게는 하루하루가 기적이었다.

여진이 발생해 지진에 대한 공포가 엄습할 때 우리 가족은 모여서 찬양을 했다. 어차피 죽을 거라면 찬양하다가 죽자고 결의했다. 그리고 〈주 예수여 은혜를〉이라는 찬송가 5절을 부를 때 하나님의 은혜가 폭발하여 환경은 달라진 게 없는데 공포심과 불안감이 완전히 사라졌다.

내 마음에 임하신 주의 성령 늘 계실 줄 믿습니다
큰 은사를 나에게 부어주사 주 섬기게 하옵소서
주 예수여 충만한 은혜 내 영혼에 부으소서
주 예수만 나의 힘 되고 내 만족함 됩니다

이 찬송을 계속 부르니까 우리 가족이 하나님 품에 안겨 있는 것처럼 평안한 상태가 되었다. 그리고 우리를 위해 기도해주시는 많은 사람의 얼굴이 떠올라서 힘이 났다.

예수님이 바다 위를 걸어오면서 무서운 풍랑을 잠잠케 하시며 다스려주셨다. 그러자 제자들의 마음도 잠잠케 되었다.

바람을 보고 무서워 빠져가는지라 소리 질러 이르되 주여 나를 구원하소서 하니 예수께서 즉시 손을 내밀어 그를 붙잡으시며 이르시되 믿음이 작은 자여 왜 의심하였느냐 하시고 배에 함께 오르매 바람이 그치는지라 마 14:30-32

마찬가지로 하나님의 은혜가 내게 임하자 흔들렸던 마음이 안정되었다. 뜻하지 않은 풍랑에 놀라고 지진 앞에서 흔들렸던 내 믿음도 정상 궤도를 찾았다.

우리는 살면서 예기치 않은 문제들로 현실의 벽에 부딪힌다. 암에 걸리고 부부 사이에 위기가 찾아오며 사랑하는 사람과 이별을 하는 고통을 맛본다. 그런 위기 속에서 긴장되고 믿음이 약해지며 마음이 덜컹거린다. 그럴 때 주님이 개입해주시면 바람이 그친다.

우리가 깨어 있는 것과 주님이 깨어 있는 것은 근본적으로 다르다. 우리는 아무리 깨어 있어도 피조물이기에 한계가 있다. 그러나 아무런 한계를 갖고 있지 않으신 하나님이 깨어 계셔서 인간으로서는 감히 상상할 수 없는 역사를 일으키신다. 고난과 극단적인 환경 속에서도 가장 확실하고 수준 높은 기도는 이것이다.

아무리 고상하고 교양 있는 질문도 정확하게 말하지 않으면 대답이 모호해질 수밖에 없다.

'하나님, 저를 불쌍히 여겨주소서. 고난과 역경과 문제 속에서 제가 할 수 있는 것은 아무것도 없습니다. 그저 깨어서 주님만 바라봅니다. 저를 살려주소서.'

하나님은 간절히 호소하는 사람을 외면하거나 죽이지 않으신다. 하나님이 들으시고 사람들의 마음을 움직이셔서 고통스런 환경을 정리해주신다. 인생의 무거운 짐에 눌려 있다면 그 상태 그대로 고백하라. 하나님이 들으시고 돕는 사람을 붙여주시며, 이길 힘을 주실 것이다.

생명의 3대 요소는 '빛, 공기, 물'이다. 이
중에서 하나라도 없으면 생명체는 살 수가 없다. 내가 사는 지역은
산이 높고 안개가 짙어서 해를 보는 날이 드물기 때문에 해가 뜨면 개
가 이상하게 여기고 짖는다는 말이 있다. 그 정도로 태양이 뿌옇게 잠
깐 빛을 비추다가 곧바로 사라진다. 일 년에 태양빛을 온전히 쬘 수
있는 날이 몇 달 되지 않는 곳에서 선명한 태양빛을 본다는 것은 사막
에서 소나기를 만나는 것과 같다.

한번은 일 년 내내 태양만 뜨는 지역에 잠시 들를 일이 있었다. 여
름에는 온도가 평균 45도를 웃도는 살인적인 무더위로 사람들이 돌
아다니지를 못했다. 그러나 나는 빛을 자주 만나지 못하는 지역에 거
하다 보니 오랜만에 본 태양이 너무 반가웠다. 온몸에 태양빛을 받고

다니다가 검은 피부로 변했는데도, 빛에 대한 갈증이 가시지 않아 틈만 나면 태양빛을 쬐러 나갔다.

어느 날 저녁, 숙소와 가까운 공원에 나가서 걷다가 '빛이 무엇일까'를 생각하게 되었다. 컴컴한 밤하늘에 환하게 뜬 밝은 달빛 옆에서 서로 격려해주는 작은 별빛들, 그리고 공원 안에서 다양한 사람들이 운동하고 걸어다닐 수 있도록 밝혀주는 수십 개의 조명들을 보며 생각에 잠겼다.

'나는 뭘까? 나는 세상에서 무엇이란 말인가?'

그 생각을 하면서 길을 걷는 순간 빛으로 인해 나와 똑같은 모양의 그림자를 발견하게 되었다.

'저게 내 모습이구나!'

환한 낮에는 볼 수 없었던 나를 어두운 밤에 조명빛을 통해서 볼 수 있었던 것이다. 마치 먹을 것이 너무 많아서 배고픔을 모르는 것처럼 현대인은 문명이 극도로 발달하고 화려해져서 자신을 발견하지 못한 채 살고 있는 것 같다. 컴컴하고 어두운 세상 속에서 빛이 나를 비춰줄 때 생긴 검은 그림자를 통해 내 모습을 발견하게 되었다.

'그래, 저 모습이 나였구나. 빛으로만 비춰질 때 진정한 내 자아를 볼 수 있는 거구나! 나는 죄인이구나! 이런 죄인에게도 쉬지 않고 빛을 비춰주시는 하나님의 은혜가 참으로 크구나. 밤하늘의 별들과 이 땅의 수많은 조명과는 비교할 수 없을 정도로 강하구나!'

나는 그리스도 되신 예수를 증거하는 증인이다. 증인의 어원을 살펴보면 순교와 연관되어 있다. 증인 중에 최고의 증인은 순교자이다. 그래서 초대 교회 성도들은 핍박과 고난이 심한 캄캄한 밤 속에서 목숨을 바침으로써 순교의 빛을 비추기도 했다. 그때 하나님의 음성이 내 마음에 빛으로 다가왔다.

'증인이 되기 전에 먼저 빛 가까이 나아오라!'

내가 빛의 증인이 되기 전에 먼저 빛을 받아야 할 대상임을 깨닫게 해주신 것이다. 아무도 모르는 은밀하고 어두운 죄를 빛 가운데 드러내야 하는 첫 번째 대상은 바로 나 자신이었다. 나는 어두움 가운데 숨겨둔 죄를 고백했다. 새로운 빛으로 나의 어두움을 드러내며 빛 가까이 가게 되었다.

'빛이신 주님을 내 영혼이 바라봅니다. 내 영혼에 빛을 채워주소서!'

어둡고 캄캄한 이 세상에서 빛 되신 예수 그리스도가 우리의 감춰진 죄를 드러내고 보혈의 피로 덮어주시며 증인의 삶을 살도록 격려해주신다. 세상 사람들에게 나의 어눌한 말을 통해서도 빛을 드러낼 수 있게 해주신다.

20대 초반에 병원에 누워 있을 때 창틈으로 들어오는 봄 햇살을 보며 했던 생각이 떠올랐다.

'내 인생에 있어서 단 한 번만이라도 저 빛줄기를 잡을 수 있을까?'

병으로 인해 죽어가는 것보다 희망이 사라지는 게 무서웠다.

'과연 내게 남은 시간 동안 희망의 빛이 찾아올까?'

좌절과 절망 속에 탄식하고 있는 사람들에게 예수 그리스도의 생명의 빛, 진리의 빛이 스며든다. 죽음 가운데 있던 나에게 생명의 빛으로 찾아오신 주님이 그분을 애타게 기다리고 있는 다른 사람에게 다가가도록 내가 도구가 되어야겠다는 결심을 했다.

'빛으로 인해 그림자라는 죄가 드러났지만 따뜻한 속량의 빛을 비춰주시는 주님처럼 아무런 계산 없이 순수하게 받은 그대로 되돌려주는 빛의 증인으로 살리라! 평생 온 마음으로 빛이신 예수 그리스도를 찬양하는 삶을 살리라!'

세상의 빛은 아무리 환할지라도 우리 마음을 만족시킬 수 없다. 태양빛이 없는 컴컴한 땅에서 살아보지 않고서는 자신이 얼마나 우울한 마음으로 살고 있는지 알 수 없다. 하나님이 내게 또다시 빛으로 다가와 말씀하셨다.

'이곳에서 집으로 돌아갈 때 네가 원하는 것을 주마. 원하는 게 있으면 골라서 가져가거라.'

'하나님, 정말입니까?'

몸이 불편한 내게 꼭 필요한 자동차, 가족들이 머물 수 있는 집, 아내에게 선물하고 싶었던 물건들, 아이들에게 사주고 싶은 장난감 등 갖고 싶은 게 많았는데, 갑자기 한 장면이 떠올랐다. 지금 살고 있는 선교 현장에 처음 들어왔을 때 큰아이가 네 살, 둘째 아이가 두 살이었다. 그때 아이들을 데리고 그 지역에서 유명한 강가로 놀러 간 적이 있다. 강 위에 떠 있는 대형풍선 놀이기구 속에 어린이들이 들어가서 놀고 있던 모습이 떠올랐다.

'하나님, 저는 자동차나 큰 집, 많은 돈보다 큰 공 안에 따뜻한 빛을 담아서 가고 싶습니다. 아내와 아이들에게 이 뜨거운 태양빛을 담아서 선물로 주고 싶습니다. 그래서 제가 지금 느끼고 있는 따뜻한 빛을 가족들이 고스란히 느꼈으면 좋겠습니다. 그렇게 해주실 수 있으시죠?'

그러자 하나님이 OK 사인을 해주셨다.

'그러나 빛을 담을 큰 공도 없고, 있다고 하더라도 어떻게 가져갈 수 있을까요? 비행기나 배로 운반할 수도 없고요.'

이때 갑자기 말씀 한 구절이 떠올랐다.

빛이 어둠에 비치되 어둠이 깨닫지 못하더라 요 1:5

빛이신 주님이 계속 말씀의 빛으로 비춰주시는데도 내가 미처 깨닫지 못하고 있었던 것이다. 순간 내 영혼 깊은 곳에 한줄기 빛이 임했다.

'그렇군요! 제 영혼에 비춰주신 이 빛을 가져가면 되는군요!'

이 태양빛을 담아서 가져갈 수는 없지만, 태양을 만드시고 온 우주를 다스리고 계신 주님이 생명의 빛으로 임해주셨다.

'우리 가족이 유일하게 만나야 할 참빛이신 예수 그리스도를 모시고 가야겠구나!'

그분을 모시고 집으로 돌아가서 지치고 버거운 삶을 사는 아내와 아이들에게 그분 자체를 선물해야겠다는 깨달음이 왔다!

'이 빛이야말로 어떤 강력한 태양빛보다 더 오랫동안 영혼 깊은 곳까지 침투하여 어두운 그림자를 물러가게 하고 환한 빛으로 꽉 채워줄 거야!'

순간 너무 기뻐서 그 자리에서 춤을 추고 싶을 정도였다. 부족하나마 입술에는 찬양을 담고, 눈가에는 눈물을 담아 주님께 감사의 고백을 드렸다. 가족에게 내가 발견하고 만끽한 참빛을 전달할 수 있다는 마음이 들자 큰 위로가 되었다. 혼자 태양빛을 쬐면서 가족에게 미안했던 마음이 기쁨과 감격으로 바뀌어 발걸음이 가벼워졌다.

우리에게 생명의 빛으로 친히 찾아오신 예수님께 감사하며 찬양드린다. 영혼이 기쁘니 나도 모르게 주님 앞에서 마음이 깨끗한 시인이 되고 싶어진다. 사랑하는 주님께 〈아침의 빛〉이라는 시를 바치고 싶다.

컴컴한 밤하늘을 밝혀주는 달빛
혼자가 아니라고 반짝여주는 별빛

달빛도 별빛도 하나 되어

세상에 뿌려주는 아침햇살의 빛

방금 잠에서 깨어난 어린아이 눈동자에

달빛 별빛 미래의 빛이 반짝이네

그 빛은 희망을 노래해주는 세상의 빛

맑은 이슬에 담긴 새 아침의 빛

눈물을 닦아주는 손수건 같은 삶

이 세상에 태어나서 오랜 세월 동안 내 삶을 지배한 것은 이런 생각이었다.

'나는 태어나지 말았어야 해.'

뼈가 휘어지는 희귀병을 앓으며 35여 년의 긴 시간 동안 수술과 투병생활을 반복하며 절망을 안고 살았기 때문이다.

그렇지만 주께서 내 영혼에 빛을 비추어 놀라운 회복의 역사를 일으켜주셨다. 그래서 지금은 나의 십자가를 발견하고 주의 도구로 쓰임받으며 세상이 줄 수 없는 평안 가운데 살고 있다. 나는 늘 주님 앞에서 어린아이처럼 순수한 영혼과 시인처럼 깨끗한 마음으로 빛 되신 예수 그리스도를 바라보며 평생토록 그분을 영화롭게 하는 삶을 사는 선교사이길 소원한다.

　과거의 나처럼 홀로 어둡고 외로운 광야의 길을 지나고 있는 이들이 있다면, 그들에게 예수 그리스도의 보혈이 흘러가기를 소망한다. 그래서 찬란한 빛 되신 예수 그리스도 안에서 휘몰아치는 환경을 이기고 승리하며, 주께서 주신 기쁨과 완전한 평안 가운데 거하는 삶을 살게 되기를 기도한다. 이 글이 절망의 시간을 보내고 있는 지체들의 눈물을 닦아주는 한 장의 휴지가 될 것을 믿으며 펜을 놓고 주님의 얼굴을 바라본다.

　내가 주께 대하여 귀로 듣기만 하였사오나 이제는 눈으로 주를 뵈옵나이다　욥 42:5

나를 드립니다

초판 1쇄 발행	2014년 5월 19일
초판 7쇄 발행	2019년 8월 23일

지은이   권율

펴낸이   여진구
편집   김아진, 안수경, 이영주, 최현수, 김윤향
디자인   마영애, 노지현, 조아라, 조은혜

기획·홍보   김영하   해외저작권   기은혜
마케팅   김상순, 강성민, 허병용   마케팅지원   최영배, 정나영
제작   조영석, 정도봉   경영지원   김혜경, 김경희

이슬비전도학교   최경식   303비전성경암송학교   박정숙
303비전장학회 & 303비전꿈나무장학회   여운학

펴낸곳   규장

주소 06770 서울시 서초구 매헌로 16길 20(양재2동) 규장선교센터
전화 02)578-0003   팩스 02)578-7332
이메일 kyujang0691@gmail.com   홈페이지 www.kyujang.com
페이스북 facebook.com/kyujangbook   인스타그램 instagram.com/kyujang_com
카카오스토리 story.kakao.com/kyujangbook
등록일 1978.8.14. 제1-22

ⓒ 저자와의 협약 아래 인지는 생략되었습니다.
이 출판물은 저작권법에 의해 보호를 받는 저작물이므로 무단 전재와 무단 복제를 할 수 없습니다.

책값 뒤표지에 있습니다.
ISBN 978-89-6097-352-7 03230

이 도서의 국립중앙도서관 출판시도서목록(CIP)은 서지정보유통지원시스템 홈페이지(http://seoji.nl.go.kr)와
국가자료종합목록구축시스템(http://www.nl.go.kr/kolisnet)에서 이용하실 수 있습니다.
(CIP제어번호 : CIP2014015464)

규 | 장 | 수 | 칙

1. 기도로 기획하고 기도로 제작한다.
2. 오직 그리스도의 성품을 사모하는 독자가 원하고 필요로 하는 책만을 출판한다.
3. 한 활자 한 문장에 온 정성을 쏟는다.
4. 성실과 정확을 생명으로 삼고 일한다.
5. 긍정적이며 적극적인 신앙과 신행일치에의 안내자의 사명을 다한다.
6. 충고와 조언을 항상 감사로 경청한다.
7. 지상목표는 문서선교에 있다.

하나님을 사랑하는 자 곧 그의 뜻대로 부르심을 입은 자들에게는 모든 것이 合力하여 善을 이루느니라(롬 8:28)

Member of the
**Evangelical Christian
Publishers Association**

규장은 문서를 통해 복음전파와 신앙교육에 주력하는 국제적 출판사들의
협의체인 복음주의출판협회(E.C.P.A:Evangelical Christian Publishers
Association)의 출판정신에 동참하는 회원(Associate Member)입니다.